# PROJETOS DE VIDA

CIP-BRASIL. CATALOGAÇÃO NA PUBLICAÇÃO
SINDICATO NACIONAL DOS EDITORES DE LIVROS, RJ

A692p

Araújo, Ulisses F.
    Projetos de vida : fundamentos psicológicos, éticos e práticas educacionais / Ulisses F. Araújo, Valéria Arantes, Viviane Pinheiro. - 1. ed. - São Paulo : Summus, 2020.
    120 p. (Novas arquiteturas pedagógicas ; 6)

    Inclui bibliografia
    ISBN 978-65-5549-001-5

    1. Educação - Finalidades e objetivos. 2. Professores - Formação. 3. Prática de ensino. I. Arantes, Valéria. II. Pinheiro, Viviane. III. Título. IV. Série.

20-63435                                       CDD: 370.11
                                                              CDU: 37.017

Leandra Felix da Cruz Candido - Bibliotecária - CRB-7/6135

www.summus.com.br

Compre em lugar de fotocopiar.
Cada real que você dá por um livro recompensa seus autores
e os convida a produzir mais sobre o tema;
incentiva seus editores a encomendar, traduzir e publicar
outras obras sobre o assunto;
e paga aos livreiros por estocar e levar até você livros
para a sua informação e o seu entretenimento.
Cada real que você dá pela fotocópia não autorizada de um livro
financia o crime
e ajuda a matar a produção intelectual de seu país.

# PROJETOS DE VIDA
## FUNDAMENTOS PSICOLÓGICOS, ÉTICOS E PRÁTICAS EDUCACIONAIS

ULISSES F. ARAÚJO
VALÉRIA ARANTES
VIVIANE PINHEIRO

summus editorial

*PROJETOS DE VIDA*
*Fundamentos psicológicos, éticos e práticas educacionais*
Copyright © 2020 by autores
Direitos desta edição reservados por Summus Editorial

Editora executiva: **Soraia Bini Cury**
Assistente editorial: **Michelle Campos**
Coordenação da Coleção Novas
Arquiteturas Pedagógicas: **Ulisses F. Araújo**
Capa: **Alberto Mateus**
Projeto gráfico e diagramação: **Crayon Editorial**

**Summus Editorial**
Departamento editorial
Rua Itapicuru, 613 – 7º andar
05006-000 – São Paulo – SP
Fone: (11) 3872-3322
Fax: (11) 3872-7476
http://www.summus.com.br
e-mail: summus@summus.com.br

Atendimento ao consumidor
Summus Editorial
Fone: (11) 3865-9890

Vendas por atacado
Fone: (11) 3873-8638
Fax: (11) 3872-7476
e-mail: vendas@summus.com.br

Impresso no Brasil

# SUMÁRIO

INTRODUÇÃO . . . . . . . . . . . . . . . . . . . 7

**1 OS FUNDAMENTOS PSICOLÓGICOS DA CONSTRUÇÃO DE PROJETOS DE VIDA** . . . . . . . . 17

Projeto de vida e a psicologia positiva . . . . . . . . 21
Aprofundando o conceito de projeto de vida . . . . . . 24
Aspectos constituintes do projeto de vida . . . . . . . 27

**2 A INTEGRAÇÃO DOS PROJETOS DE VIDA À IDENTIDADE HUMANA** . . . . . . . . . . . . . . . 33

Identidade e projeto de vida . . . . . . . . . . . . 36
Moralidade e consciência moral . . . . . . . . . . . 41

**3 OS PROJETOS DE VIDA DE JOVENS BRASILEIROS**. . . . 45

Projetos de vida frágeis . . . . . . . . . . . . . . 49

Projetos de vida idealizados . . . . . . . . . . . . . 50
Projetos de vida centrados na família e no trabalho . . . . 51
Projetos de vida centrados no trabalho . . . . . . . . 52
Projetos de vida centrados no consumismo
e na estabilidade financeira . . . . . . . . . . . . 53
Projetos de vida centrados em intenções altruístas . . . . 53
Uma análise dos projetos de vida dos jovens brasileiros . . 54

**4  A FORMAÇÃO DE BONS PROFESSORES PARA
O TRABALHO COM PROJETOS DE VIDA . . . . . . . . 57**

A formação de professores para a escola contemporânea . . 62
A formação do bom professor e seu trabalho
na construção de projetos de vida . . . . . . . . . . 67
As metodologias ativas na formação de professores
para o trabalho com projetos de vida . . . . . . . . . 76

**5  FOMENTANDO PROJETOS DE VIDA NA ESCOLA:
ALGUMAS POSSIBILIDADES . . . . . . . . . . . . . 85**

Projetos de vida e a construção da identidade moral
como conteúdos escolares . . . . . . . . . . . . . . 87
A Aprendizagem Baseada em Problemas e por Projetos:
uma via para a construção de projetos de vida éticos . . . 95
O ambiente escolar, as relações interpessoais e
os projetos de vida. . . . . . . . . . . . . . . . . 103

**OS PROJETOS DE VIDA E A EDUCAÇÃO:
REFLEXÕES FINAIS. . . . . . . . . . . . . . . . . 107**

**REFERÊNCIAS . . . . . . . . . . . . . . . . . . . 113**

# INTRODUÇÃO

"Uma pessoa sem propósito de vida é como um navio sem leme."

**Thomas Carlyle**

**A BUSCA DE SENTIDO** e de propósito para a vida é uma preocupação presente na história da humanidade há muitos séculos. Sempre foi objeto de inúmeras reflexões na filosofia, na ciência e na religião, que construíram inúmeras teorias sobre o sentido da existência humana. Cada um de nós, em algum momento da vida, se defronta com essas questões e também busca respostas e ações que deem sentido ao nosso viver.

A epígrafe que abre esta Introdução, escrita no século XIX pelo ensaísta e historiador escocês Thomas Carlyle, inspirou cientistas sociais, filósofos e psicólogos no século XX – daí sua importância. Moran (*apud* Malin, 2018) também utiliza as embarcações como metáfora para exemplificar o conceito de projeto de vida. Segundo a autora, o sujeito seria a luz que guia o barco em seu percurso em águas abertas. Condições externas, como o vento, a chuva, as ondas e as marés, podem tirar o barco de seu curso ou forjar um novo percurso, mas uma luz forte projeta seu caminho para a frente. Assim, uma pessoa com projeto de vida tem uma força que lhe dá impulso e direção, mas sua trajetória existencial não é linear. Ao olhar para a trajetória de uma vida com projeto, o caminho é curvo e sinuoso, mostrando mudanças e reorientações de rota, mas há um claro e coerente desenho de percurso. Machado (2004, p. 16-17) também traz uma discussão interessante a esse respeito quando diz que,

> mesmo se tratando de projetos de vida, característicos do modo de ser do ser humano, não nascemos determinados para percorrer uma única trajetória de projetos, ou vocacionados para um único tipo de atividade. Movemo-nos permanentemente em um terreno pleno de potencialidades, pleno de apelos que vêm de fora e que devem ser articulados com chamamentos interiores, do fundo do nosso ser. As alternativas, em cada bifurcação da vida, não são aleatórias nem determinadas: escolhemos tão livremente quanto nossa circunstância nos permite e quanto a vocação ditada pelo "fundo insubornável" da pessoa única que somos [...]. E construímos uma trajetória de projetos absolutamente original, que nos identifica como pessoa.

Lendo os parágrafos anteriores, adotamos também outra metáfora, a de que os projetos de vida são como uma bússola que orienta os indivíduos durante seu desenvolvimento integral na busca de um sentido de vida.

A relevância do tema e a inspiração para a escrita desta obra ficam evidentes com essas imagens apresentadas. Como pedagogos

PROJETOS DE VIDA

e psicólogos que atuam há décadas na educação, tanto no desenvolvimento profissional de docentes e gestores quanto nos processos de construção de valores de ética e cidadania das novas gerações, nós, autores deste livro, vislumbramos ser este o momento para trazer aos educadores os conceitos que sustentam esse construto chamado atualmente de *projeto de vida*. Mas não apenas isso, pois, depois de pelo menos uma década desenvolvendo pesquisas e projetos de intervenção em escolas públicas e privadas, temos uma quantidade enorme de dados e experiências para compartilhar, apontando caminhos frutíferos para aqueles interessados em formar professores para esse tipo de trabalho e para ajudar crianças, jovens e adultos na construção de uma vida digna a partir de projetos de vida significativos para si e para a sociedade, pautados em princípios de ética e de cidadania.

Em 2008, dois dos autores deste livro (Ulisses e Valéria) viajaram para a Califórnia (Estados Unidos) com apoio da Fundação de Apoio à Pesquisa do Estado de São Paulo (Fapesp) e passaram seis meses como professores visitantes na Universidade de Stanford. Lá, desenvolveram pesquisas no Stanford Center on Adolescence com os professores William Damon e Anne Colby sobre o que se denomina em inglês *purpose*. Desde então, desenvolvendo várias pesquisas em todo o Brasil sobre os projetos de vida dos jovens brasileiros, com financiamento de agências de fomento como a Fapesp e o Conselho Nacional de Desenvolvimento Científico e Tecnológico (CNPq), orientaram mais de uma dezena de teses de doutorado e dissertações de mestrado na Universidade de São Paulo sobre essa temática.

Em 2016, retornaram a Stanford por mais seis meses para aprofundar os estudos sobre os projetos de vida dos jovens com o professor Damon, considerado hoje o autor mais relevante no mundo sobre essa temática. É dessas experiências marcantes, acompanhadas de perto pela professora Viviane Pinheiro, da Universidade de São Paulo, que surgiu o material teórico e prático que dá as cores e trilhas deste livro. São experiências calcadas nos principais autores internacionais, mas amarradas em pesquisas e observações da realidade dos jovens brasileiros e das escolas de nosso país.

Uma consequência inicial desses estudos foi a tradução do termo *purpose* para "projetos de vida", o que foi devidamente justificado por Ulisses Araújo no prefácio do livro de William Damon publicado no Brasil em 2009.

Nessa obra, intitulada *O que o jovem quer da vida? Como pais e professores podem orientar e motivar os adolescentes* (Summus, 2009), Damon descreve os resultados de suas pesquisas nos Estados Unidos e propõe a formulação de políticas públicas e trabalho social com os próprios jovens, seus pais e os professores para enfrentar essa problemática contemporânea. Ao longo do livro, ele apresenta quatro categorias de jovens encontradas em suas pesquisas: desengajados ou sem projetos vitais, sonhadores, superficiais e com projetos vitais nobres ou antissociais. Além disso, discute o papel que a família, a escola, os mentores e outros membros de instituições sociais podem ter na construção e no apoio aos projetos vitais nobres dos jovens.

A discussão feita por Damon ajuda a compreender os valores da juventude contemporânea na perspectiva do que vem sendo chamado de *psicologia positiva*, que estuda as fortalezas e virtudes humanas e não apenas as debilidades e patologias.

Ou seja, o foco estava na compreensão propositiva de como se pode promover a construção de projetos de vida éticos por parte dos jovens, ajudando-os a desenvolver um sentido de bem-estar duradouro por toda a vida, articulado com o encorajamento para que realizem suas mais altas aspirações pessoais e profissionais. Mas qual é o significado de projeto de vida? Araújo explica que *purpose* pode ser traduzido para o português como "Propósito: a) desígnio, intento, intenção. b) sentido, objetivo, finalidade" (Michaelis, 2009, p. 229). Dessa tradução, a definição mais próxima do que se pode entender em português para o trabalho educativo com base na psicologia é "sentido, objetivo, finalidade".

Por isso, Araújo entende que o significado mais próximo do que foi descrito por Damon e outros autores para *purpose* seja "projeto". Para tanto, apoia-se na discussão feita por Nilson Machado (2006), baseado nos ensaios do autor espanhol Ortega y Gasset (1983), para quem

> [...] nossa vida é algo que é lançado no âmbito da existência, é um projétil, só que este projétil é que tem, por sua vez, que escolher o alvo [...]; o fator mais importante da condição humana é o projeto de vida que inspira e dirige todos os nossos atos.

Machado (*ibidem*, p. 61) assume que

> a ideia de projeto parece caracterizar a vida humana, uma vez que a consciência pressupõe uma ação projetada, que estar vivo é pretender algo, é estar-se permanentemente lançando em busca de alguma meta prefigurada em uma configuração moral.

Independentemente das variações linguísticas e culturais, assume-se que o significado de *purpose* adotado por Damon e o de *projeto* se aproximam, constituindo uma das condições para se dar um sentido ético à vida das pessoas e à sociedade.

Projetos, objetivos, finalidades organizam pensamentos e ações e estão relacionados com os sistemas de valores dos indivíduos. Se, de forma intencional e dialética, os projetos e finalidades de vida das pessoas atendem a um duplo objetivo –buscar simultaneamente a felicidade individual e coletiva –, pode-se dizer que se baseiam em princípios de ética.

Isso nos conduz a uma segunda aproximação ao conceito de projeto de vida. Não se trata de algo simples e comum, como o de divertir-se por uma noite, passar numa prova ou comprar um par de sapatos. O projeto vital pressupõe um desejo de fazer diferença no mundo, de realizar algo de sua autoria que possa contribuir com os outros, com a sociedade. Assim, é a razão por trás das metas e dos motivos imediatos que comanda a maior parte do comportamento diário. Se tal projeto tiver características de alcance social, que beneficiem o próprio sujeito e aqueles à sua volta, pode ser considerado nobre. Ao contrário, se for estabelecido visando a metas destrutivas, contra o interesse de alguns ou da sociedade, pode ser considerado antissocial.

Essa é a ponte para amarrarmos os projetos de vida à visão atual de cidadania. Trabalhar na formação do cidadão e da cidadã contemporâneos pressupõe considerar intencionalmente – e atuar em – diferentes dimensões constituintes do ser humano, visando construir valores, habilidades, atitudes e conhecimentos de forma articulada. Todo esse processo formativo precisa culminar em um modelo educativo que apoie crianças e jovens na construção de projetos de vida éticos, que visem transformar o mundo, e de habilidades necessárias para a vida no século XXI.

Com base nessa possibilidade de construção, podemos afirmar que o projeto de vida não depende de nenhuma disposição de caráter preexistente. Ou seja, as pequenas conquistas presentes na rotina podem se transformar em motivo de orgulho e satisfação, ao mesmo tempo que as obrigações ganham significados mais profundos e até mesmo valiosos se estiverem relacionadas com os meios de transformação daquilo que, no mundo, traz incômodo aos sujeitos.

Entendemos que construir um projeto de vida requer que os jovens estudantes conheçam a si mesmos e ao universo que os rodeia para que consigam identificar as necessidades, os problemas e os conflitos presentes em seu contexto (Damon, 2009). Ao mesmo tempo, quando esses jovens analisam as possibilidades de atuação na realidade, ganham condições de formular metas de longo prazo que possam fazer diferença. Assim, acreditamos que, para construir um projeto de vida, é preciso entender como capacidades, crenças, valores e aspirações pessoais podem servir de base para gerar uma contribuição para a sociedade e para o mundo. O projeto de vida apresenta-se, dessa maneira, como um pano de fundo, guiando objetivos e metas para um futuro mais imediato, o que justifica as ações, preocupações e escolhas do indivíduo (Damon, 2009). O par intenção-ação passa a ser constitutivo da ideia de projeto de vida e o engajamento em determinada área ou campo de atuação é fundamental para traduzir suas intenções e valores em ações.

É nessa perspectiva, também, que a Base Nacional Comum Curricular (BNCC, 2018, p. 480) assume que a construção de projetos de vida envolve reflexões/definições não só em termos de vida afetiva, família, estudo e trabalho, mas também de saúde, bem-estar, relação com o meio ambiente, espaços e tempos para lazer, práticas corporais, práticas culturais, experiências estéticas, participação social, atuação em âmbito local e global etc. Considerar esse amplo conjunto de aspectos possibilita fomentar nos estudantes escolhas de estilos de vida saudáveis e sustentáveis, que contemplem um engajamento consciente, crítico e ético em relação às questões coletivas, além de abertura para experiências estéticas significativas.

Ou seja, temos na própria política pública de formação dos jovens no Brasil essa visão complexa sobre a importância dos projetos de vida, e mostrar a razão desse destaque e seu papel nas práticas educativas é uma das metas deste livro.

Para dar conta das demandas e necessidades de gestores e educadores preocupados com esse tema, consideramos fundamental, em primeiro lugar, trazer uma discussão mais aprofundada sobre as bases psicológicas que sustentam o construto do projeto de vida, contando um pouco de sua história e explicando como o assunto se tornou relevante na educação atual.

Em seguida, continuando na dimensão psicológica, analisamos a conexão entre a constituição identitária das pessoas e seus projetos de vida. O foco do capítulo é mostrar que, no processo de formação da identidade, cada sujeito atribui significados a diferentes componentes da vida, como é o caso dos valores e crenças, que também se vinculam aos projetos vitais. Tais componentes psicológicos configuram-se como centrais na imagem que as pessoas constroem sobre si mesmas.

PROJETOS DE VIDA

No quarto capítulo trazemos resultados e discussões sobre os projetos de vida de jovens brasileiros, a partir de várias pesquisas realizadas em todo o Brasil. Entre as conclusões desses trabalhos, apontamos que a cultura escolar tradicional, centrada nos aspectos disciplinares e meramente cognitivos, não vem atendendo às demandas atuais da sociedade. Assim, faz-se necessário repensar o processo de formação humana nas escolas, a fim de reinventar a forma como se concebe a educação.

Entrando no campo das práticas educacionais, abordamos aquele que consideramos um dos nós górdios da educação brasileira e das propostas de implementação da BNCC: o quadro alarmante de uma formação de professores em nível inicial não condizente com as necessidades da escola contemporânea. Como alternativa, destacamos a importância de se formar o bom professor, partindo dos princípios de excelência, ética e engajamento. Em seguida, apresentamos exemplos de projetos que apontam caminhos para a formação de professores com esses objetivos, detalhando os resultados obtidos nas experiências desenvolvidas.

Finalmente, no último capítulo, trazemos exemplos de projetos de intervenção educativa, nacionais e internacionais, que podem auxiliar os educadores a trabalhar com os jovens a construção de seus projetos de vida.

Bem-vindo a este livro. Esperamos que a leitura lhe abra novas perspectivas de desenvolvimento profissional, e que impacte positivamente a juventude brasileira na busca de um sentido de vida justo, democrático e feliz.

·····

# 1

# OS FUNDAMENTOS PSICOLÓGICOS DA CONSTRUÇÃO DE PROJETOS DE VIDA

**O CAMPO DA PSICOLOGIA,** referência principal dos autores deste livro, apresenta uma rica tradição de estudos sobre o sentido da vida. Encontramos nos textos da área, inclusive, uma diversidade de termos – "sentido", "propósito", "projeto" ou "plano" de vida –, que leva a visões bastante contrastantes sobre a forma como as pessoas conseguem (ou não) dar sentido às suas ações presentes e projeções futuras, o que abre um campo fértil para estudos e investigações.

Em 1946, a publicação do livro *Em busca de sentido: um psicólogo no campo de concentração* (2017) pelo psiquiatra austríaco Viktor Frankl produziu um grande impacto no campo da psicologia clínica. Nessa obra, Frankl, depois de viver por três anos em vários campos de concentração durante a Segunda Guerra Mundial – ocasião em que perdeu familiares e enfrentou privações e agudos sofrimentos físicos e psíquicos –, expõe suas experiências e apresenta dados sobre os prisioneiros no Holocausto nazista, explicando sua sobrevivência pela capacidade de manter um sentido para a vida: escrever suas reflexões de modo que ajudassem outras pessoas. De forma bastante contundente, argumentou que aqueles que demonstraram ter crenças sobre o sentido da vida estavam mais capacitados para enfrentar o sofrimento que lhes afligia do que aqueles que lutavam apenas pela sobrevivência. A frase de Nietzsche – "Quem tem um porquê enfrenta quase qualquer como" – é usada por Frankl como um mote de que a busca do sentido de vida constitui a principal força motivadora do ser humano.

Por meio das suas vivências e da observação direta dos seus companheiros, Frankl traça as linhas gerais da logoterapia, vertente da psicologia clínica que afirma que ter um projeto de vida (ou um sentido de vida) é a base para a promoção da saúde mental e para a prevenção do que ele chamava de "vazio existencial" – capaz de provocar depressão, ansiedade, toxicodependência e até mesmo o suicídio. Conhecida como "psicoterapia do sentido da vida" ou "terceira escola vienense de psicoterapia" (Freud e Adler fundaram as outras duas), a logoterapia pode ser definida como uma terapia otimista, que auxilia os pacientes a ver que o desespero pode levar ao triunfo, que mesmo as situações trágicas e negativas da vida podem se converter em conquistas humanas. Isso porque o sentido da vida pode ser encontrado até no último suspiro, tendo o terapeuta o papel de mostrar ao paciente que a vida nunca cessa de ter um sentido (Frankl, 1939/2014).

Para o autor, essa busca, como característica comum ao sentido da vida humana, somente pode ser realizada por intermédio da autotranscendência, ou seja, por meio do envolvimento com metas e objetivos para além de si. A busca da autotrancedência se traduz, na obra de Frankl, em metas e projetos singulares para que tomem forma viva no mundo.

Levando esse conhecimento para a prática clínica e social, em trabalhos com jovens austríacos, Frankl e seus seguidores conseguiram eliminar os casos de suicídio em escolas, mostrando a força da logoterapia como ferramenta aliada à saúde mental. Com esse trabalho, sinalizaram a importância que a construção de projetos que deem sentido à vida pode ter para as pessoas que vivem em sociedades em que o vazio existencial parece ter se tornado norma.

A temática do projeto de vida foi abordada também pelo psicólogo e psicanalista alemão Erik Erikson. Ele se dedicou a compreender a formação da identidade humana, apontando que a resolução do que ele denomina crise da adolescência dá-se de forma bem-sucedida com o estabelecimento de um *plano de vida*, um curso segundo o qual se constroem aspectos importantes para a formação da identidade, como os ideais e os propósitos. Assim, para Erikson ter um plano de vida é considerado tarefa crucial para o pleno desenvolvimento humano. Em duas importantes obras (1968, 1980), o autor defende que o compromisso/engajamento é um componente essencial do projeto de vida para o desenvolvimento humano saudável e, em particular, para o desenvolvimento positivo da identidade. A fim de estabelecer um sentido de si próprio coerente e unificado, os indivíduos devem se comprometer com certos valores, crenças e orientações.

Os psicólogos suíços Barbel Inhelder e Jean Piaget (1976) também trazem sua compreensão para essa temática no campo da psicologia do desenvolvimento. Eles viam o *programa ou plano de vida* descrito por Erikson como fator constituinte da personalidade e parte fundante da integração do adolescente ao mundo adulto. Nessa etapa da vida, por meio do pensamento subsidiado pelas estruturas cognitivas formais, Piaget e Inhelder analisaram que o adolescente é capaz de raciocinar sobre hipóteses e ultrapassar as fronteiras do real, passando a refletir sobre seu futuro em sociedade. Todos esses estudos, embora por vias diferentes, indicam que o projetar é um movimento constituinte da adolescência e da identidade humana, sendo fundamental para o desenvolvimento saudável na juventude.

## Projeto de vida e a psicologia positiva

O conceito de projeto de vida, historicamente abordado por diferentes trabalhos no campo da psicologia, parece ganhar maior notoriedade nos anos 2000, com o surgimento da psicologia positiva.

Em um número emblemático da prestigiosa revista *American Psychologist*, intitulado "Felicidade, excelência e funcionamento ótimo", Martin Seligman e Mihaly Csikszentmihalyi (2000) reuniram 15 estudos já consolidados de diversos autores que abordam questões como felicidade, bem-estar subjetivo e bem-estar psicológico, dando início ao que se concebeu como psicologia positiva.

Esse novo campo de conhecimento dedica-se a estudar a natureza psicológica positiva humana com base em cinco elementos independentes que compõem o acrônimo PERMA em inglês: emoções positivas (*positive emotions*), engajamento (*engagement*), relacionamentos positivos (*relationships*), sentido de vida (*meaning*) e realização pessoal (*accomplishments*). Nessa concepção, o bem-estar é um construto complexo, resultado da combinação de:

» sentir-se bem;
» sentir-se engajado em suas atividades;
» ver um sentido na vida;

» ter bons relacionamentos interpessoais;
» realizar-se pessoalmente (Seligman, 2011).

Nesse trabalho, o autor também traz o conceito de projeto de vida como central, a partir da ideia de que, para atingir a felicidade *eudemônica* e o bem-estar, é necessário antes compreender que nossas ações devem se direcionar a algo maior do que nós mesmos.

Como se vê, desde os seus primórdios, a psicologia positiva recebe forte influência do conceito de *eudemonia* de Aristóteles (384 a.C.-322 a.C.), descrita em sua obra *Ética a Nicômaco* (1997). A proposta central de Aristóteles nesse livro é a de que o Bem é o objetivo final de todas as ações humanas. Esse Bem supremo é a eudemonia, traduzido como felicidade, mas que reflete o sentimento grego de que a virtude e a felicidade, em seu sentido de prosperidade, não podem se divorciar (MacIntyre, 1971). Isso porque, conforme Aristóteles (1997, p. 87), "são os atos de virtude os únicos que decidem soberanamente a felicidade".

Para Aristóteles, a felicidade é uma atividade da alma; portanto, quando o filósofo fala de virtudes humanas, refere-se àquelas da alma e não do corpo. Essa ideia é importante para esclarecer que uma ética de virtudes que se fundamente em Aristóteles não pode se basear na busca da felicidade puramente material, que atenda às necessidades do corpo.

Uma *ética das virtudes* adota, portanto, a perspectiva de que o Bem na vida humana se baseia não somente na prescrição das moralidades legalistas, mas também na busca da eudemonia. Embora essa busca virtuosa da felicidade possa ser centrada em ações que objetivam o Bem para os outros, ela também pode objetivar o Bem do próprio sujeito. Com isso, entende-se a eudemonia como a busca virtuosa do Bem, tanto para si como para os outros.

A teoria de Carol Ryff e Burton Singer (1998) sobre o bem-estar psicológico é um exemplo de como a psicologia positiva ressignificou o conceito de projeto de vida baseando-se na ideia de eudemonia. Os autores indicam que os seguintes componentes convergem para a promoção do bem-estar psicológico:

1. manter uma opinião positiva sobre si mesmo (autoaceitação);
2. ser capaz de escolher e criar contextos apropriados para sua condição psicológica (domínio do ambiente);
3. ter relações interpessoais de confiança e ser capaz de amar (relações positivas);
4. desenvolver continuamente o próprio potencial (crescimento pessoal);
5. ser determinado e independente (autonomia);
6. ter objetivos, aspirações e direcionamento na vida (projeto de vida).

Nessa perspectiva, a associação desses fatores contribui para a satisfação diante da vida e para o bem-estar psicológico. Entretanto, em suas pesquisas, Ryff e Singer entendem que, embora a conjunção dos componentes citados seja importante, ter um projeto de vida é um dos aspectos fundamentais não apenas para garantir resiliência no enfrentamento de problemas do cotidiano e para manter a saúde mental, mas também para prosperar e ser bem-sucedido em todos os aspectos da vida. Mostram, ainda, a importância da associação entre projeto de vida, crescimento pessoal e autoimagem positiva para a construção do bem-estar e a busca da felicidade.

Outros estudos da psicologia positiva, como os de Martin Seligman (2011), também consideram central o conceito de projeto de vida e partem da ideia de que, para atingir a felicidade eudemônica e o bem-estar, é necessário antes compreender que nossas ações devem se direcionar a algo maior do que nós mesmos.

## Aprofundando o conceito de projeto de vida

O conceito de projeto de vida parece ganhar contornos mais nítidos com os trabalhos de William Damon, psicólogo e pesquisador da Stanford University, considerado na contemporaneidade o grande responsável pelos estudos mais profundos sobre a importância do projeto de vida na construção positiva do psiquismo humano, bem como por uma divulgação mais ampla desse construto em nível internacional. Damon teve como motivação para seus estudos a constatação de que muitos jovens se mostram "sem rumo", hesitando em se comprometer com papéis que definem a vida adulta. Encontram-se no que denominamos, no Brasil, "nem-nem" (não estudam nem trabalham).

Tal constatação, reforçada pela mídia em diversas notícias cotidianas, apresenta-se em uma visão de jovem descomprometido. O autor sinaliza a necessidade de contextualizar os modos de vida dos jovens e garantir um olhar para as dificuldades do mundo atual, do mercado de trabalho e das pressões de grupos sociais a que estão sujeitos.

Damon (2009, p. 53) define o projeto de vida como "uma intenção estável e generalizada de alcançar algo que ao mesmo tempo é significativo para o *eu* e gera consequências no mundo além do *eu*". Assim, essa definição, coerente com a perspectiva de eudemonia já mencionada, mostra o projeto de vida como um objetivo "amplo", de ordem psicológica, que organiza e dá sentido à vida. Ele dura tempo suficiente para organizar, motivar e mobilizar planos, comportamentos e objetivos de curto e longo prazo e conecta-se ao que é mais central em nossa identidade, assim como apresenta o desejo de impactar o mundo além de si.

Nas palavras de Damon (2009, p. 54),

um projeto vital verdadeiro é uma *preocupação central*. É a resposta à pergunta: *Por quê?* – *Por que* estou fazendo isso? *Por que* isso é importante? *Por que* isso é importante para mim e para o mundo? *Por que* me esforço para alcançar esse objetivo? O projeto vital é a razão *por trás* dos objetivos e motivos imediatos que comandam a maior parte do nosso comportamento diário.

Como se vê, o construto carrega um paradoxo, já que é

tanto um fenômeno profundamente pessoal quanto inevitavelmente social. É construído internamente, ainda que se manifeste na relação com os outros. É fruto de reflexão interna, ainda que também o seja de exploração externa. (Damon, 2009, p. 173)

Isso quer dizer que ninguém constrói projetos de vida a partir do nada. Muito ao contrário, eles se dão na intersecção entre dois campos: o dos interesses individuais e o dos valores presentes na cultura na qual nos inserimos, juntamente com a influência de outras pessoas e de projetos coletivos.

As primeiras pesquisas empreendidas por Damon e colaboradores traçaram um perfil dos projetos de vida de jovens estadunidenses, dividindo-os, a partir da análise apurada de questionários e entrevistas mais aprofundadas, em grupos que se distinguem na forma de organizar psiquicamente seus projetos de vida. Os grupos descritos por Damon são, resumidamente:

a  Desengajados: que não manifestam, nas entrevistas e demais avaliações, nenhum projeto de vida. Não demonstram sinais de estar em busca de objetivos, sendo apáticos ou desinteressados ou voltados exclusivamente para buscas hedonistas ou egocêntricas. Demonstram nenhuma ou pouquíssima preocupação com o mundo além de si.

b  Sonhadores: são aqueles que exprimem ideias sobre projetos de vida que gostariam de ter, mas não demonstram ações ou metas para colocá-las em prática. Suas aspirações mostram-se idealistas e difíceis de ser concretizadas, dificultando a elaboração de planos factíveis para a realização de seus sonhos.

c  Superficiais: engajam-se em diferentes atividades, contudo não estão atentos aos seus significados para além do tempo presente. Assim, demonstram poucos sinais de comprometimento, mudando de atividade sem demonstrar coerência com o que desejam realizar na vida.

d  Os que têm projetos de vida: são aqueles que encontraram algo significativo a que se dedicar e sustentam tal interesse por certo período, mobilizando planos e metas concretos, assim se engajando nas ações cotidianas, com vistas a algo em longo prazo que impacte o mundo além de si. São fontes de projetos de vida, detectadas nesses estudos em ordem de relevância: família, carreira, realizações acadêmicas, fé religiosa e espiritualidade, esportes, artes, serviço comunitário e temas sociopolíticos.

Nessas pesquisas, os resultados indicam que 20% dos jovens apresentaram projetos de vida, 31% demonstraram-se superficiais, 25% apresentaram-se como sonhadores e 25% como desengajados. O baixo índice relativo aos jovens que demonstram projetos de vida, segundo Damon (2009), deve mobilizar pais, educadores e a sociedade de forma geral para ajudá-los a se dedicar a projetos de vida que beneficiem a si próprios e à coletividade.

Em consequência desses estudos, entende-se que construir um projeto de vida exige que o sujeito conheça a si próprio e ao mundo que o cerca, para que saiba identificar as necessidades, os problemas e os conflitos presentes no meio, ao mesmo tempo que analisa suas características e suas possibilidades realistas de ação, para assim formular objetivos de longo prazo.

## Aspectos constituintes do projeto de vida

Matthew Bundick (2009) sistematiza as ideias de Damon defendendo que o projeto de vida só pode ser assim compreendido se contemplar os seguintes aspectos:

a estabilidade ao longo de certo período, ainda que possa sofrer alterações e ajustes;
b objetivos de longo prazo que operam a vida do sujeito, articulando múltiplas metas concretas;

c ser organizador e motivador da vida do sujeito, orientando decisões, objetivos de curto prazo e o engajamento em atividades necessárias para a sua concretização.

O trabalho de Bundick mostra-se profícuo para avanços na compreensão do conceito de projeto de vida e inspira novas investigações que procuram destrinchar esse fenômeno. Vejamos cada um dos aspectos mencionados anteriormente.

## Estabilidade

Apesar de essencial para a configuração de um projeto de vida, por dissociá-lo de objetivos ou metas de curto prazo, o emprego do termo "estabilidade" implica um cuidado maior, pois a ideia parece, em princípio, ir de encontro ao conceito de projeto, que carrega consigo a abertura para o novo (Machado, 2004) e a incerteza do futuro (Marina, 2009). A estabilidade à qual nos referimos deve ser tomada em contraposição à efemeridade, constituindo o elemento que gera coesão entre os objetivos que são lentamente alcançados e o resultado final esperado. Sua intenção é gerar a coerência necessária para se atingir um fim extremamente vulnerável a fatores externos – como as diversas circunstâncias da vida, do tempo e de projetos coletivos – e a fatores internos – como as variações e reformulações das próprias intenções do sujeito. Nesse sentido, a estabilidade não pode ser confundida com estagnação, pois promove tanto a firme adesão a compromissos já adotados quanto mudanças em relação ao modo de realizar suas intenções iniciais. Assim, existe a possibilidade de reformulá--las e, consequentemente, postergá-las.

Exemplificando, um projeto de vida de dedicação ao hipismo, ao mesmo tempo que aberto a incertezas de todo tipo – como necessidade de recursos financeiros, acesso a locais com atividades equestres, relações amorosas que podem desviar o foco –, permanece na mente da pessoa mesmo que sofra variações e adaptações à realidade objetiva e subjetiva em que ela vive. Ele é estável porque sobrevive às intempéries da vida. Essa vida dedicada ao hipismo pode tomar formas variadas: o curso de medicina veterinária, a entrada na equitação de forma amadora ou profissional ou a convivência com cavalos sem vínculo profissional, apenas pelo prazer e pela felicidade do convívio.

## Objetivos de longo prazo

Sobre os objetivos de longo prazo que devem articular as metas dos sujeitos, Damon (2009) destaca que perspectivas imediatistas, embora sejam fundamentais no encadeamento de ações, não ajudam a definir uma identidade própria que estabeleça coerência entre passado e futuro, tampouco conseguem inspirar um projeto de vida, já que não são capazes de criar condições que gerem satisfação duradoura. Assim, o projeto de vida visa ao futuro em longo prazo.

Lembremos que um projeto de vida tem um objetivo direcionado para o futuro, tem longo alcance e é mais estável do que objetivos mais simples e comuns, como "melhorar a nota de química no próximo bimestre", ou "entrar em uma faculdade". Como sabemos, objetivos e metas são bastante transitórios, mas a melhoria de nota em química pode estar vinculada ao objetivo de entrar na faculdade para cumprir o projeto de vida de tornar-se um importante cientista na área de química de materiais. Em outro exemplo, "ir toda semana à igreja" ou "distribuir sopa para moradores de rua" podem ser ações isoladas, mas também se converter em um projeto de vida social que traz satisfação pessoal e benefício comunitário.

Ou seja, ao analisar objetivos e metas devemos estar atentos ao papel que o projeto de vida das pessoas exerce no longo prazo, na perspectiva de futuro e de estabilidade de seu planejamento, para identificar se estão ou não guiando e encadeando as metas e os objetivos de mais curto prazo.

Se um objetivo de longo prazo é traçado, mas não mobiliza atitudes presentes e metas de curto prazo, acaba se tornando um sonho ou uma idealização, e esse é o caso de boa parte das pessoas que não conseguem atingir o seu projeto de vida. Como afirma Damon (2009, p. 54), "[...] onde não existe um projeto de vida maior, objetivos e motivos de curto prazo normalmente levam a lugar nenhum e logo se extinguem em uma atividade inútil".

### Organização e motivação

A centralidade na organização e na motivação da vida do sujeito, terceiro aspecto característico do projeto de vida, também confere a ele seu caráter vital. Para compreender esse elemento, é necessário assumir o caráter de complexidade da vida humana em suas relações com o mundo social, cultural e biofisiológico.

O funcionamento psíquico humano contempla conjuntamente aspectos cognitivos, emocionais e valorativos na organização dos elementos abstraídos da realidade, de seus significados e de suas relações, evidenciando como o sujeito interage com o contexto sociocultural na organização de seu pensamento e de seus projetos de vida (Moreno e Sastre, 2010). Nessa perspectiva, os sentimentos, os valores e a cultura adquirem também papel estruturante – e não apenas motivacional – na construção do pensamento, dos comportamentos e do planejamento da vida e de seus significados.

Assim, os projetos de vida podem ser constituídos por qualquer conteúdo, com objetivos mais complexos e ambiciosos ou mais modestos ou familiares. Cada sujeito tem uma forma muito particular de interagir com os contextos em que vive, articulando seus valores, interesses e vontades às possibilidades do contexto para a construção do seu objetivo mais amplo.

O papel da cultura nos projetos de vida mostra-se bastante relevante se considerarmos os conteúdos dos objetivos amplos que costumam direcionar a existência das pessoas. Ao se engajar em atividades orientadas pelo projeto de vida *no* e *com* o contexto sociocultural, a tendência é que os indivíduos passem a revisar seus objetivos e os ajustem à realidade e à disponibilidade de meios para que sejam efetivados.

Por exemplo, as pesquisas que serão apresentadas mais adiante neste livro mostram que grande parte das pessoas adota valores coletivos e fontes normativas da cultura para seus projetos de vida, como criar uma família e ter um emprego estável, para os quais já existem muitos apoios e validação social. Em perspectiva diferente, um indivíduo com valores religiosos pode atingir um projeto de vida que tenha Deus, ou a caridade, como elemento organizador e motivador de suas ações e pensamentos de forma estável e em longo prazo. Por fim, dentro dessa leitura complexa da realidade, os sentimentos e emoções exercem papel relevante no processo motivacional e estruturante dos projetos de vida, promovendo engajamento em ações cotidianas e planejadas. Coisas de que as pessoas gostam e atividades nas quais elas sentem prazer, como determinado esporte, podem organizar suas ações e decisões no decorrer do tempo, ajudando-as a concretizar seu projeto de vida.

Compreender o que são e como se constroem os projetos de vida é tarefa complexa do ponto de vista pessoal e social, com forte impacto nas decisões de caráter profissional. Por isso, entendemos que avançar nos estudos sobre esse tema é premente nos dias atuais para psicólogos e educadores. Para além de entender o que constitui um projeto de vida, é importante nunca dissociar sua repercussão e seu impacto na vida pessoal, social e profissional dos indivíduos, sejam eles jovens, adultos ou idosos.

No próximo capítulo, vamos tratar dos processos de construção identitária preocupados com a dimensão ética e moral, por serem a meta dos projetos que podem ser considerados na perspectiva eudemônica anteriormente discutida.

# 2

# A INTEGRAÇÃO DOS PROJETOS DE VIDA À IDENTIDADE HUMANA

**MUITOS AUTORES NA PSICOLOGIA** vêm estudando o vínculo entre a constituição identitária das pessoas e seus projetos de vida. Nesses estudos, que serão mais detalhados nas próximas páginas, entende-se que a formação da identidade perpassa a compreensão sobre o significado pessoal que cada um dá aos diferentes componentes da vida e a centralidade que tais componentes psicológicos têm na imagem que eles constroem sobre si mesmos.

Os estudos sobre identidade têm uma referência importante no psicólogo e psiquiatra Erik Erikson, já citado. Para ele, a constituição da identidade se dá ao longo da vida, a partir de diferentes pressões exercidas pelo meio social e cultural, pressões que ocasionam conflitos e crises no sujeito. Em cada estágio do desenvolvimento, a pessoa deve buscar uma solução para as crises que vivencia – e, com isso, o senso de identidade vai se estabelecendo aos poucos. Na adolescência, caracterizada por Erikson (1968, 1980) como um período tumultuado de intensa confusão de papéis, o ser humano integra e consolida sua identidade, ao mesmo tempo que atinge o pleno desenvolvimento fisiológico e psíquico. Trata-se de um período crítico, uma passagem (denominada por Erikson moratória) que integra os elementos de todo o percurso de vida, ao mesmo tempo que fundamenta a consolidação da identidade para as próximas etapas da vida, a partir daquilo que a sociedade espera dele. Para Erikson, os adolescentes experimentam diferentes papéis e testam variadas personalidades para determinar quem são e como se enquadram no mundo além de si mesmos.

Na esteira dos estudos desse autor, James Marcia (1966) procurou classificar, na análise do desenvolvimento identitário, diferentes "*status* de identidade", de acordo com os níveis de comprometimento com valores, princípios e crenças sobre si mesmo. Assim, estabeleceu quatro *status*:

a   *realização*, quando há forte comprometimento e grande exploração da identidade;
b   *moratória*, em que os sujeitos exploram fortemente a sua identidade, mas ainda não estão comprometidos com sua autodefinição;
c   *impedimento*, em que há forte comprometimento com a identidade, mas pouca exploração de si nas situações cotidianas;
d   *difusão*, no qual os sujeitos não se comprometem com sua identidade, tampouco exploram definições sobre si mesmos.

Embora tais estudos situem-se em um paradigma – com o qual não concordamos – que estigmatiza e cristaliza a formação identitária por um marco linear de desenvolvimento, rotulando a adolescência como um período de confusão e turbulências, é inegável sua contribuição ao levar as pesquisas a considerar que existe um processo de construção da identidade que articula autoconhecimento, experimentação e comprometimento com valores pessoais, assim como expectativas e valores sociais. Com base nessas contribuições, mas investidos da ideia de um sujeito real, que interage com o meio físico-social, autores no campo da psicologia cognitiva como Blasi (1995) e Moshman (2005) passaram a investigar como os sujeitos experienciam a identidade nas situações reais e como, ao longo de um processo, conseguem elaborar representações de si mesmos (Silva, 2020).

Tais avanços, combinados às mudanças sociais dos últimos tempos e das demandas das sociedades contemporâneas, indicam que a construção da identidade tem se estendido e configurado em processos cada vez mais longos, até mesmo durante toda a vida. De acordo com tais estudos, jovens e jovens adultos passam a considerar e a experimentar questões relativas a planos profissionais, religiosos, políticos e amorosos, organizando-os, de forma complexa, com maior ou menor centralidade na identidade. Nessa perspectiva, tendo como base de análise as dimensões pessoal, social e profissional, saber sobre si e o que espera alcançar torna-se imperioso para a constituição de uma vida plena na fase adulta e, por que não dizer, na velhice.

## Identidade e projeto de vida

Para nós, o processo de constituição da identidade está fortemente articulado à construção dos projetos de vida, uma vez que ambos requerem tanto o autoconhecimento quanto a descentralização do *eu* para alinhar-se às possibilidades e expectativas sociais. De acordo com Parks (2011), o engajamento em atividades consideradas significativas pelo sujeito, que se dá pela exploração da própria identidade, está no cerne da construção dos projetos de vida, já que, ao atribuir significados ao entorno, o sujeito

PROJETOS DE VIDA

percebe qual é o seu lugar no mundo; o sentido que apreende nesse movimento pode contribuir para a constituição do senso de si mesmo, ao mesmo tempo que delineia os contornos de seu projeto de vida.

Nesse sentido, a formação da identidade e a construção de um projeto de vida são processos correlatos e altamente imbricados, uma vez que compartilham do enfoque nas crenças, nos valores e nos objetivos do sujeito. No entanto, embora estejam evidenciados em uma mesma etapa de vida e compartilhem o mesmo enfoque, trata-se de construtos diferentes, uma vez que a identidade se refere a *quem* somos e queremos ser, enquanto o projeto de vida se refere *ao que nos queremos tornar e por quê* (Bronk, 2014).

Assim, entende-se que todas as pessoas têm sua identidade, mas nem todas constroem projetos de vida que lhes garantam direcionamento, tal como posto nos estudos de Damon (2009). Nestes, fica evidente que cerca de 20% a 25% dos jovens norte-americanos participantes apresentaram engajamento e claro senso de projeto de vida, tendo a grande maioria apenas indícios de projetos, como uma visão sonhadora ou superficial.

Estudos como os de Burrow e Hill (2011) apontam que jovens que se mostraram engajados em projetos de vida também indicaram comprometimento com a própria identidade e maior senso de si. Inclusive, usando os "*status* de identidade" de Marcia (1966), os autores perceberam que sujeitos que apresentaram projetos de vida plenamente desenvolvidos, garantindo-lhes direcionamento significativo com ações para o *eu* e para além do *eu*, também atingiam os níveis mais elevados de identidade, quando há comprometimento com seus valores e crenças, assim como exploração de tais aspectos em situações reais. Bronk (2011), com base em um estudo longitudinal, constatou que jovens que demonstraram a construção de projetos de vida que lhes trouxeram sentido ético e direcionamento tiveram mais facilidade de constituir identidades e representações positivas de si. A autora entrevistou jovens ativamente engajados em ações sociais (voluntariado, atividades religiosas etc.), os quais precisaram desenvolver habilidades importantes para realizar tais atividades e reconheceram que elas poderiam impactar o mundo além de si. A oportunidade de contribuir com a sociedade de alguma forma tornou-se significativa para esses jovens, apoiando-os na construção de projetos de vida com comprometimento social. Em consequência dessas experiências, os jovens passaram a representar a si mesmos por meio de seus projetos de vida.

Dessa forma, pode-se afirmar que as relações entre projetos de vida e identidade provêm de um processo complexo, multidimensional e dinâmico. Na interação que cada sujeito estabelece consigo mesmo, com os outros e com diferentes contextos sociais, delineia-se uma trajetória de vida única, na qual identidade e projetos de vida se retroalimentam.

Diante dessa perspectiva, propomos uma articulação entre as teorias que investigam o conceito de identidade moral com aquelas que mostram a importância de se construir um projeto de vida ético – ou, por que não dizer, eudemônico. Entender o processo psicológico de construção do que se chama de identidades morais pode fornecer bons caminhos para a construção de projetos de vida que se mostrem estáveis e de longo prazo, organizem pensamentos, ações e sentimentos e, além disso, busquem a felicidade pessoal e social.

Autores como Augusto Blasi, William Damon e Anne Colby são a nossa referência inicial para essa discussão. No geral, esses autores afirmam que o conceito de identidade moral vem ao encontro da concepção de projetos de vida éticos, por assumirem que a centralidade de valores morais – como generosidade, justiça, lealdade e honestidade –, se construídos pelos sujeitos, poderá influenciar fortemente suas formas de pensar e agir.

Colby e Damon (1992), analisando o raciocínio de sujeitos considerados exemplares morais – isto é, que têm características encontradas naquelas pessoas com alto valor moral –, verificaram que, para tais sujeitos, as preocupações e a realização pessoal estavam intimamente relacionadas com seus compromissos morais, de modo que os objetivos por eles perseguidos eram ao mesmo tempo individuais e morais. Em trabalhos recentes, aprofundaram a ideia de moral como elemento central e integrado às identidades pessoais, enfocando uma visão de identidade moral que opera e se constitui a partir de um sujeito consciente e racional que regula suas inclinações, seus sentimentos e suas tendências, interpreta referências culturais, reflete sobre suas escolhas e modifica condutas indesejáveis (Damon e Colby, 2015).

Blasi (1992, 1995, 2004) também pesquisa a integração entre valores morais e identidade. Para ele, os valores são vistos como um aspecto da personalidade, que se refere ao grau com que essa dimensão se integra ao *eu* – ou é central para ele. Partindo do modelo teórico denominado Self Model of Moral Functioning, Blasi entende que as ações morais são motivadas pela busca de uma consistência do *eu* e dependem de escolhas morais, que se dão pelo que o autor denomina julgamento de responsabilidade – a partir do qual o sujeito avalia o grau de importância, para si e para outros, daquilo que é compreendido como moralmente bom.

Assim, é preciso que o sujeito relacione a ação moral consigo mesmo e entenda-se como necessariamente envolvido na situação – indo além, portanto, de um julgamento abstrato e impessoal. Desse modo, para Blasi, as condutas morais são influenciadas simultaneamente pelos conteúdos morais e também por necessidades e interesses pessoais e sociais, em uma dinâmica motivacional que prioriza a consistência de si, que não é necessariamente homogênea em todas as situações. Ao abordar o processo de formação da identidade e o senso de responsabilidade, Blasi compreende que o *eu* vai se tornando mais unificado, organizando hierarquicamente as características definidoras de si, passando o sujeito a se ver como autor de tal constituição e responsável por manter a consistência de si.

Especificamente a respeito do processo de integração, Blasi (2004) compreende que este se dá por meio dos sistemas motivacionais e emocionais, uma vez que os sujeitos se vinculam afetivamente a determinados objetos de desejo ou de interesse – os quais o autor chama de valores – que serão parte da construção do *eu* e da identidade. Assim, o *eu* configura-se como um sistema organizado de valores (morais ou não) que se encontram mais ou menos integrados a outros valores e a outras dimensões do indivíduo (crenças, preocupações, motivações), e ocupam posição hierárquica superior ou inferior na referida organização, o que determina seu grau de importância para o sujeito. Desse modo, quando os valores estão fortemente integrados na identidade de uma pessoa, esta buscará agir em conformidade com esses mesmos valores, influenciada pelo sentimento de responsabilidade suscitado, e com o objetivo de manter a consistência de sua identidade. Ainda segundo o autor, condutas que sejam contrárias aos valores centrais do sujeito tendem a suscitar sentimentos como vergonha, tristeza, indignação ou culpa, que se configuram como indícios de uma maior ou menor integração de tais valores ao *eu*.

Em ambas as teorias (Damon e Colby; Blasi), os valores são vistos como integrados ao *eu*. Por detrás dessa dinâmica há um sujeito que faz escolhas, reflete sobre elas e participa ativamente da constituição da dimensão subjetiva de seus pensamentos, em um processo influenciado pelas estruturas cognitivas, mas também pela cultura e por aspectos afetivos, socioculturais, interesses, desejos e perspectivas. Essa nova forma mais complexa de vislumbrar o funcionamento psicológico procura, de certo modo, pensar os valores como resultantes da decisão de como queremos viver no mundo com os outros, em uma dinâmica mais coerente com as situações cotidianas dos sujeitos reais. Nesse sentido, vê-se que a construção de projetos de vida, altamente vinculados à identidade moral, contribui não apenas para o desenvolvimento positivo das pessoas como também para o desenvolvimento da sociedade (Damon, Menon e Bronk, 2003; Malin *et al.*, 2014).

## Moralidade e consciência moral

Queremos citar, também, o trabalho do autor catalão Josep Puig (1996, 2007), para quem a moralidade é uma construção dialógica entre o sujeito – seus desejos, pontos de vista e critérios pessoalmente valorizados – e os valores considerados desejáveis pela sociedade. Segundo Puig (1996, p. 80), o sujeito tem uma consciência moral, que vai sendo cristalizada em sua história de vida. A consciência moral de um sujeito "instaura uma relação com ele mesmo, de modo que seus sentimentos, juízos e ações são sancionados como corretos ou incorretos". Verifica-se que essa consciência atua como um regulador moral. Nas palavras do autor (1996, p. 90), "a moralidade consiste em uma forma de regular os comportamentos dos sujeitos para tornar possível uma convivência social ótima e uma vida pessoal desejável". A consciência como regulador moral pode ser entendida como a instância do *eu*, socialmente construída, que permite o diálogo do sujeito consigo mesmo e com outras pessoas. Ela se baseia em princípios metamorais, sendo constituída por mecanismos que conseguem idealizar novas soluções para os conflitos e problemáticas que são enfrentadas pelas pessoas no cotidiano. Como exemplo, citamos a afetividade, que exerce um papel de regulação nas relações intra e interpessoais, do sujeito consigo mesmo e com o mundo externo (Araújo, 2003).

Os estudos sobre como os projetos de vida se desenvolvem mostram a relevância de sua relação com a aprendizagem socioemocional e a constituição de identidades que integram conteúdos morais aos pessoais. A pesquisa realizada por Malin *et al.* (2014) é uma referência importante nesse aspecto. Um estudo longitudinal feito com estudantes de 11 a 21 anos mostrou que os projetos de vida apresentam transições fluidas e, no geral, não sequenciadas entre formas precursoras e de projetos de vida plenamente realizados, em um processo complexo pautado na interação de cada sujeito com seus contextos de vida.

Segundo esse estudo, as mudanças percebidas nos projetos de vida dos jovens decorreram, de forma geral, de três fatores:

PROJETOS DE VIDA

» transições de vida, sobretudo aquela entre a escola e a faculdade e no ingresso em determinadas áreas de trabalho;
» processos de formação de identidade, quando os jovens reconsideravam seu comprometimento em relação a determinados valores e crenças;
» apoios e influências externas, em especial da família e de amigos, que se tornam referências importantes na construção de projetos de vida, assim como incentivam a participação e o engajamento em atividades significativas.

Os autores identificaram que as interações das pessoas com os contextos eram a forma embrionária dos projetos de vida, da empatia e da compaixão. Jovens que indicaram sentimentos de angústia e preocupação em relação ao sofrimento e às necessidades de outros sentiram-se motivados a se mobilizar quando tiveram oportunidades de atuar a esse respeito e aprender que podem gerar impactos no mundo, a despeito de sua "pouca" idade. Esse engajamento em ações que respondem às manifestações emocionais sinaliza que as emoções e os sentimentos, sobretudo os empáticos, atuam de forma ativa na compreensão que cada um tem de si e na construção de projetos de vida. Vejamos um exemplo dado por Malin (2018). Uma menina que se mostra preocupada com a situação de moradores de rua, ao participar de ações em que ajuda essas pessoas (por exemplo, servindo sopa ou arrecadando e doando alimentos), pode conversar com eles, ouvir suas experiências e entender diferentes perspectivas do problema que os envolve. Se ela conversa com um adulto sobre essas ações e reflete sobre elas, é capaz de ampliar seus conhecimentos e sentimentos em relação à causa, desenvolvendo

43

também valores que podem inspirar uma atividade pró-social e, mais à frente, transformá-la em um projeto de vida.

O desenvolvimento de habilidades denominadas socioemocionais, portanto, está estreitamente relacionado com a construção de projetos de vida e com a constituição da identidade moral. Como ressalta Malin (2018), toda aprendizagem socioemocional deve estar a serviço da construção de valores que se integram com centralidade na identidade das pessoas, transformando-se em algo que perfaz a sua identidade. Se valorizamos a aventura, por exemplo, nos esforçaremos para ser corajosos e perseverantes. Se valorizamos a paz, nos esforçaremos para ser compassivos e empáticos. A educação socioemocional não pode, nesse sentido, desvincular-se de seu conteúdo moral ou tentar "encaixar" todas as pessoas nos mesmos conteúdos, sem levar em conta que a construção de projetos de vida, além de ser um processo extremamente particular, visa à promoção de vidas éticas e felizes.

No próximo capítulo, apoiados nas discussões feitas até aqui, traremos novos estudos, ainda no campo da psicologia, sobre os projetos de vida dos jovens brasileiros.

......

# 3
## OS PROJETOS DE VIDA DE JOVENS BRASILEIROS

**COMO VIMOS NO CAPÍTULO** anterior, uma das características centrais dos processos de construção dos projetos de vida é que são impregnados de elementos cognitivos e emocionais – e, por que não dizer, sociais, políticos, psíquicos e culturais. Assim, adotamos a concepção de que na construção dos projetos de vida comparecem, de forma consciente e/ou inconsciente, processos psicológicos funcionais complexos que demandam estudos e pesquisas que identifiquem suas características específicas e seus vários elementos constitutivos.

Entre os anos 2009 e 2019, nosso grupo de pesquisas na Universidade de São Paulo – o Núcleo de Pesquisas em Novas Arquiteturas Pedagógicas – desenvolveu várias investigações com jovens, adultos e idosos. Pensando na escrita deste livro, surgiu a oportunidade de consolidar tais estudos, com o objetivo de dar aos leitores um perfil dos projetos de vida dos jovens brasileiros.

Para esse trabalho, que agrega sete pesquisas, foram entrevistados 560 jovens brasileiros com idade entre 15 e 19 anos, oriundos das cinco regiões geopolíticas do Brasil. Os dados foram coletados em dois tipos de município: metrópoles (Belém, Fortaleza, Goiânia, São Paulo e Curitiba) e capitais regionais

(Macapá, Crato, Sobral, Dourados, Sumaré, Rio Claro e Ponta Grossa). Oitenta porcento dos participantes viviam em áreas de condições socioeconômicas baixas na periferia de centros urbanos, e apenas 20% eram estudantes de escolas privadas, de nível socioeconômico médio-alto.

O instrumento comum a todas as pesquisas foi o roteiro de entrevista elaborado pelo Stanford Center on Adolescence (Andrews *et al.*, 2006). Tal instrumento, consolidado internacionalmente, foi adaptado aos propósitos de nossas investigações no Brasil, incluindo o foco no papel dos valores, sentimentos e emoções na constituição dos projetos de vida. Composta por 13 questões, a entrevista, multidimensional, procura identificar alguns aspectos do *eu* dos jovens participantes, investiga mudanças que eles gostariam que ocorressem no mundo (buscando identificar seu mundo ideal), analisa suas projeções futuras e tenta identificar seus projetos de vida. Tais perguntas enfatizam cinco tópicos:

» o que é importante para o jovem e os sentimentos relacionados com isso;
» o que ele desejaria que fosse diferente no mundo;
» seu papel em fazer mudanças no mundo e sentimentos sobre essas mudanças;
» como imagina e se sente em relação ao seu futuro nos próximos cinco anos e aos 40 anos;
» o que ele pensa e sente sobre o seu projeto de vida.

A fim de compreender melhor os mecanismos do funcionamento psíquico humano, e como os processos de construção dos projetos de vida se dão no âmbito intrapsíquico, adotamos como referencial teórico-metodológico para analisar os dados dessas pesquisas a Teoria dos Modelos Organizadores do Pensamento (TMOP), desenvolvida nos anos 1990 pelas psicólogas Montserrat Moreno e Genoveva Sastre, da Universidade de Barcelona.

A TMOP compreende que o sujeito psicológico atribui significados às situações que experiencia, organizando tais significados a fim de construir sua "realidade mental". Nesse sentido, cada sujeito constitui a "sua realidade". A TMOP dá um enfoque diferente ao conceito de "organização", entendendo que as representações mentais são organizadas simultaneamente por pensamentos, sentimentos e valores, contextualizados na cultura, a partir de um corpo com funções biofisiológicas.

Assim, a TMOP contempla conjuntamente aspectos cognitivos, emocionais e valorativos na organização dos elementos abstraídos da realidade, de seus significados e de suas relações. Os modelos organizadores evidenciam como o sujeito interage com o contexto sociocultural na organização de seu pensamento. Com isso, entende-se que os sentimentos, os valores, as crenças e a cultura adquirem também papel estruturante – e não apenas motivacional – na construção do pensamento e dos comportamentos (Moreno e Sastre, 2010; Sastre *et al.*, 2016).

Na nossa opinião, tanto a noção de projetos de vida quanto a dos modelos organizadores do pensamento integram sentimentos, desejos, objetivos e pensamentos na constituição do raciocínio humano. Ambos os construtos, também, baseiam-se num tipo de estabilidade de longo prazo. E é nessa perspectiva que nossos estudos procuram entender como a construção dos projetos de vida dos jovens brasileiros se dá no âmbito intrapsíquico, empregando a referida teoria como ferramenta epistemológica e metodológica para identificar seus pensamentos, desejos e emoções e como almejam alcançar e realizar seus projetos de vida.

Voltando à pesquisa mencionada, identificamos seis formas bem diferentes empregadas pelos 560 jovens brasileiros para explicar seus projetos de vida. Os modelos de organização do pensamento, que serão detalhados a seguir, foram os seguintes:

1. projetos de vida frágeis;
2. projetos de vida idealizados;
3. projetos de vida centrados na família e no trabalho;
4. projetos de vida centrados no trabalho;
5. projetos de vida com intenções altruístas;
6. projetos de vida centrados no consumo e na estabilidade financeira.

## Projetos de vida frágeis

Um grupo considerável de jovens por nós entrevistados (31,78% deles) apresentou projetos de vida bastante frágeis, caracterizados por:

» falta de engajamento;
» fortes contradições entre as respostas;
» idealização de uma vida "boa";
» aceitação de que a vida seja marcada por uma progressão "natural", sem maiores expectativas.

Nesses casos, apesar de a *família* e o *trabalho* comparecerem como referências importantes para a vida cotidiana desses jovens, bem como para a projeção de um futuro estável e tranquilo, tais elementos são mencionados de forma geral e vaga. No plano sentimental, a *felicidade* e o *bem-estar* aparecem como sentimentos que emergem dos relacionamentos interpessoais estabelecidos no trabalho e na família, instituições das quais esperam que no futuro lhes proporcionem os mesmos sentimentos.

Como exemplo dessa forma de organizar os projetos de vida, citamos algumas respostas de Anita*, jovem de 15 anos. Quando questionada sobre como estará daqui a cinco anos, respondeu: "Se eu estiver viva até lá, estarei cursando a faculdade e tendo a minha casa". Com 40 anos, Anita se imagina "[...] muito velha. Não sei como será, [estarei] trabalhando com certeza, e com minha família". Sobre seus sentimentos em relação ao futuro, suas respostas também são vagas, embora acredite que estará bem: "Vou estar ótima, cumprindo meus desejos".

**Projetos de vida idealizados**

Nesse grupo, composto por 26,25% dos entrevistados, encontramos jovens que, sem fornecer muitas indicações sobre o futuro, projetaram uma vida sem problemas. Como nas projeções frágeis, a *família* e o *trabalho* são referências importantes para eles, mas em seus discursos aparecem de forma bastante idealizada. As entrevistas desses jovens, cujo propósito é viver uma *boa vida*, são permeadas por planos gerais e sonhos que desejam realizar.

Como exemplo dessa categoria de projetos de vida, mencionamos as respostas de Fausto, de 16 anos. Entre seus planos para o futuro próximo está "trabalhar na profissão em que fui formado

---

* Todos os nomes mencionados nas pesquisas são fictícios.

tentando o meu melhor para ter sucesso na vida, isto é, ter uma boa condição de vida e até mesmo uma família". Quando ele se imagina aos 40 anos, pensa que terá a "vida de um homem de família bem-sucedido, tentando dar aos meus filhos o que nunca tive quando criança, educando-os adequadamente para não se desviarem do caminho certo e caminhando lentamente para minha futura aposentadoria, tendo em mente minha família, trabalho, saúde pessoal e bem-estar". As projeções de Fausto não trazem detalhes nem maiores significados; em vez disso, ele compartilha apenas uma imagem geral e idealizada de seu futuro.

## Projetos de vida centrados na família e no trabalho

Diferentemente das projeções anteriores, 19,11% dos jovens apresentaram um discurso centrado na *família* e no *trabalho*. Eles promoveram uma integração entre essas duas instituições e organizaram seus projetos de vida em torno da ideia de que a estabilidade financeira, obtida por meio do trabalho, é essencial para manter e apoiar a família. Os interesses pessoais são integrados aos de suas famílias. Para esses jovens, existe um sentimento de *dever* para com a *felicidade* e o *bem-estar* da família, que devem ser atingidos por meio do estabelecimento de metas em relação a um trabalho árduo e ao engajamento nos estudos.

Para exemplificar, elegemos as respostas de Andreia, de 16 anos, que aguarda com expectativa o tempo em que vai se "[...] formar na faculdade de Medicina. Com certeza eu terei uma vida mais tranquila, pois vou usar minhas economias para estudar". O trabalho não significa ganhar dinheiro em benefício próprio, mas poder ajudar sua família. Aos 40 anos, ela prevê ter "[...] uma vida cumprida, um trabalho. Darei boas condições de vida à minha família. Eu me casarei, e isso será importante para mim". Não só o trabalho em geral como também o campo específico que ela escolheu para seguir carreira estão interligados para a melhoria da situação familiar: "Eu tinha 4 anos quando decidi ser médica. Eu tinha 8 anos quando enfrentei uma situação difícil na minha família. Desde então meu projeto de vida é me tornar rica para tirar minha família da miséria. Então, para mim, tem sido importante oferecer boa qualidade de vida para minha avó, minha mãe e meu irmão".

## Projetos de vida centrados no trabalho

Uma pequena parcela dos jovens, 7,32% deles, apresentou uma forma de organizar seus projetos de vida futuros centrada na importância exclusiva do *trabalho*. Para eles, o *trabalho* em si é o principal objetivo da vida e fonte de *satisfação, felicidade* e *bem-estar*. Integrado com o estudo, exige esforço e perseverança para que o jovem realize seus objetivos. Tudo isso geraria, para eles, um sentimento de satisfação. A *felicidade* é mencionada em relação ao reconhecimento social por seus esforços.

Como exemplo desse modelo organizativo do pensamento, temos César, de 16 anos, que se mostrou bastante engajado com seus projetos de vida: "Eu vou trabalhar, estudando em um programa de pós-graduação. Em cinco anos eu quero ser independente, começando a trabalhar e indo para o mundo que eu quero criar". Imaginando-se aos 24 anos, ele considerou: "Parece engraçado e mesquinho, mas eu serei famoso. Estarei trabalhando com grandes pessoas e meu nome será conhecido por aí. É verdade que a vida será estressante e cansativa, porque vou trabalhar demais...

Mas o objetivo da minha vida é me tornar um artista de moda, vestir pessoas importantes, mostrar minhas ideias para o mundo". Esse jovem mostrou-se focado nas conquistas profissionais.

## Projetos de vida centrados no consumismo e na estabilidade financeira

Ter dinheiro suficiente para comprar o que quer e levar uma vida confortável no futuro foi o projeto de vida de 3,75% dos jovens participantes. Mesmo sabendo que precisam trabalhar e estudar, eles atribuem às conquistas financeiras a real fonte de *felicidade* e *bem--estar*. Assim, o trabalho e o estudo foram centrais na organização dos projetos de vida desses jovens, mas tendo como objetivo principal atingir estabilidade financeira e uma vida confortável.

Para Rosane, de 16 anos, "ter um bom trabalho, de modo que não precise depender dos outros, e também alcançar meu sonho o mais rápido possível, que é comprar meu carro com meu próprio dinheiro". Seu projeto de vida é "estudar muito, fazer cursos profissionalizantes que me ajudem a ser uma empresária e criar minha própria empresa. Ganhar muito dinheiro e, finalmente, poder viver uma vida boa, viajando sem preocupações com o futuro".

## Projetos de vida centrados em intenções altruístas

Um pequeno grupo de jovens – apenas 3,93% deles – apresentou projetos de vida centrados em intenções altruístas. Para esses jovens, somados ao *trabalho* e à *família*, os valores altruístas em relação às outras pessoas e à sociedade são centrais em seus projetos de vida. Trata-se de uma organização de pensamento que enfatiza claramente uma perspectiva moral por meio da qual esses jovens planejam impactar a sociedade com um trabalho voluntário ou profissional.

Esse valor central – *o cuidado com os outros* – aparece, nas respostas desses jovens, integrado ao trabalho e à família, provocando o desejo de ações altruístas e levando-os a encarar o *trabalho* e a *família* como relacionados com essas ações. O sentimento de *gratidão*, geralmente em relação à família, também é comum em suas respostas.

Kleber, um jovem de 16 anos, projetou seu futuro positivamente. "Acredito que minha vida será melhor. Eu já tenho meus planos futuros. Eu quero ser um excelente bombeiro, trabalhar para evitar que as pessoas percam a vida, como aconteceu com minha mãe... A razão pela qual eu quero ser bombeiro é ajudar outras pessoas. Quero salvar vidas e arriscar-me a salvar os outros". Ele também pensou profundamente no impacto de suas ações sobre as pessoas quando atingir 40 anos: "Minha vida estará agitada. Eu vou trabalhar cuidando da minha família, do meu pai (em homenagem a tudo o que ele fez por mim), do meu irmão e dos meus filhos. Vou ensinar meus filhos a cuidarem e ajudarem os outros".

## Uma análise dos projetos de vida dos jovens brasileiros

As seis categorias de projetos de vida dos jovens brasileiros descritas foram ricas em demonstrar que, por trás de estruturas similares (como a mobilização do *trabalho* e da *família*), o funcionamento psíquico dos indivíduos pode produzir diferentes entendimentos sobre seus projetos de vida e sobre como organizam sua identidade. De uma mesma situação dada (uma entrevista sobre o projeto de vida), os jovens selecionaram alguns elementos entre todas as opções possíveis, os quais se tornaram centrais na forma como eles pensavam no futuro. Para a maioria deles, os projetos de vida foram relacionados com a *família* e o *trabalho*, mas com a atribuição de diferentes significados. Por exemplo, para alguns o trabalho foi um caminho para o consumismo e a estabilidade financeira, enquanto para outros foi uma forma de apoiar a família ou ajudar outras pessoas.

A felicidade e o bem-estar foram mencionados pela maioria dos participantes em conexão com seu projeto de vida, enquanto a realização pessoal e profissional foi mencionada em menor grau. Esses sentimentos também receberam diferentes significados – como a compreensão, para alguns jovens, de que o bem-estar surge dos relacionamentos no trabalho e na família, enquanto, para outros, advém do consumo e da estabilidade financeira.

Esses são exemplos de como a teoria dos Modelos Organizadores do Pensamento, como ferramenta teórica e metodológica, vem contribuindo para entender a dinamicidade e a complexidade do psiquismo humano, sobretudo no caso de temáticas relevantes do cotidiano dos jovens. Sendo uma abordagem que utiliza conteúdos reais da vida das pessoas, integra elementos cognitivos, afetivos e sociais na categorização dos dados, que derivam indutivamente das próprias respostas dos sujeitos e não de categorias definidas *a priori*. Assim, temos um caminho profícuo para investigações no campo da psicologia, com possíveis reflexos para o trabalho na educação.

Do ponto de vista conceitual, essas formas de organizar os projetos de vida nos remetem novamente a Damon (2009), para quem o envolvimento em projetos de vida motiva e produz satisfação e autorrealização na juventude, o que pode explicar a mobilização de sentimentos de felicidade, bem-estar e realização em todas as categorias identificadas. Além disso, uma vez que o projeto de vida estava atrelado a diferentes tipos de relações interpessoais em todos os grupos, os sentimentos tiveram papel integrativo e constitutivo para os jovens quando estes analisaram os elementos presentes, passados e futuros, bem como os seus significados.

Como análise geral e dados para reflexão, destacamos que os resultados dessa pesquisa mostraram que cerca de 60% dos jovens brasileiros entrevistados têm projetos de vida frágeis ou idealizados, e que cerca de 50% deles não têm projetos de vida claramente referenciados no outro ou na sociedade.

Para nós, isso reforça a importância da educação como instituição fundamental para a formação ética, voltada para apoiar os jovens na construção de projetos de vida ético-morais, significativos para eles e para a sociedade na qual vivem.

Concluindo, contrariando a cultura escolar tradicional – centrada nos aspectos disciplinares e meramente cognitivos –, acreditamos que a complexidade dos processos psíquicos discutidos anteriormente implica repensar o processo de formação humana nas escolas. Antes disso, porém, é preciso pensar nos responsáveis por essa formação dos estudantes nas escolas: os professores. Estarão eles preparados para esse tipo de desafio? Vamos discutir esse relevante tema no próximo capítulo.

.....

# 4

# A FORMAÇÃO DE BONS PROFESSORES PARA O TRABALHO COM PROJETOS DE VIDA

**UM DOS GARGALOS EXISTENTES** e um dos maiores desafios no Brasil e no mundo é o de atrair e manter o interesse dos jovens pelo magistério (OCDE, 2006). Relevante pesquisa no Brasil (Gatti *et al.*, 2009) aponta que somente 2% dos jovens brasileiros desejam cursar Pedagogia ou Licenciatura. Outro estudo (Silva e Pinto, 2014) mostra que, no Brasil, o número total de vagas abertas na graduação para formar professores nas disciplinas da educação básica é cerca de três vezes maior que a demanda. Em análise complementar sobre o quadro da formação de professores no país, dados do Instituto Nacional de Estudos e Pesquisas Educacionais Anísio Teixeira (Inep) indicam que em 2005 a taxa de evasão nos cursos de formação de professores no Brasil atingiu uma média de 38% (Silva *et al.*, 2007).

Esses três estudos mostram a conjunção de fatores que comprometem a situação brasileira no que se refere à formação de professores, fenômeno bastante complexo. Como afirmam Araújo *et al.* (2019), esses dados denotam que:

a   os jovens pouco se interessam pelo magistério;

b  ao contrário do que se pensa, no caso da formação de professores há um número suficiente de vagas abertas no ensino superior;
c  há muita evasão nos cursos de Pedagogia.

Para explicar esses resultados, os autores destacam fatores como falta de reconhecimento social, baixos salários, violência, indisciplina, falta de apoio familiar aos alunos e jornada de trabalho estressante, que demanda múltiplos empregos.

Contribuindo com esses dados, em pesquisa recente com professores de uma escola pública de São Paulo, Pinheiro (2019) analisou os projetos de vida de educadores partindo de entrevistas sobre seus valores, sentimentos, ações cotidianas, história de vida e projeções sobre o futuro. A autora destaca que todos os educadores participantes apontam o trabalho como aspecto importante da vida, mas apenas uma pequena parcela enxerga a educação como algo central. Para a maioria, o trabalho é prioritariamente visto como fonte de remuneração, que supre, de alguma forma, as necessidades pessoais e da família, assim como um exercício rotineiro que ocupa e mobiliza os profissionais – fato alarmante quando se pensa na qualidade da educação.

Os resultados da pesquisa de Pinheiro, aliados aos apresentados por Araújo *et al.* (2019), chamam a atenção para outro problema: a forma e a qualidade dos cursos de formação de professores no Brasil. Essa discussão é essencial se quisermos trazer o tema do trabalho com projetos de vida para dentro das escolas. É necessário formar docentes que tenham a educação como central em seus projetos de vida, a fim de que possam cumprir essa importante atividade em sala de aula.

O ponto de partida para reconhecer as limitações que enfrentamos é reconhecer que, sejam públicos ou privados, a grande maioria dos cursos de formação de professores no Brasil funciona como se ainda estivéssemos no século XIX. Reproduzem em sala de aula o modelo tradicional expositivo centrado no professor, abordando conteúdos em geral sem vínculo com a realidade e com a vida das pessoas e comunidades, e sem ligação com as práticas de sala de aula que os futuros professores deveriam aprender. Nesse contexto, de mero reprodutivismo, não há como trabalhar a construção de projetos de vida com os estudantes de nível superior – que, logo, não têm condições de levar tais conhecimentos para as salas de aula da educação básica.

Não é difícil perceber que, ao continuar formando professores para dar aulas no modelo disciplinar fragmentado e expositivo inventado no século XIX, as universidades e faculdades não vêm cumprindo seu papel de oferecer uma formação docente coerente com os objetivos educacionais almejados e legitimados pelas sociedades atuais. Em primeiro lugar, entre as múltiplas causas citadas, chama atenção a baixa qualidade da maioria dos cursos, em geral baseados em modelos pedagógicos que vulgarmente se chamam de "cuspe e giz". Estes costumam funcionar no período noturno, período em que a grande maioria das escolas de educação básica que poderiam servir para aprendizagens práticas está fechada. As aulas nesses cursos, apenas teóricas, sinalizam aos jovens interessados na carreira docente um modelo que eles em geral abominam e com o qual se sentem entediados, funcionando como reforço negativo para essa escolha profissional em seus projetos de vida.

Em tais cursos, os estudantes não aprendem a desenvolver projetos colaborativos e ligados ao cotidiano escolar. Estudam, de forma fragmentada, psicologia, filosofia, sociologia, as práticas de ensino de química, de ciências, de língua e matemática e a gestão escolar. Em geral, não se aproximam de estudos sobre a indisciplina, a violência, a sexualidade, as relações de poder, as diferenças e a ética profissional como temáticas relevantes do cotidiano escolar – que deveriam ser compreendidas por todos os profissionais da educação antes que estes atuassem nas escolas e nas instituições. Por fim, não há espaço para pensar a educação como parte central de seus projetos de vida, o que envolve o desenvolvimento de habilidades sociocognitivo-emocionais e a construção de valores também pelos futuros educadores.

A nosso ver, isso torna ainda mais difícil atrair jovens para o exercício da profissão e impacta qualquer iniciativa de avanço da educação no Brasil. Provoca evasão e, por conseguinte, falta de pessoal qualificado para implementar políticas públicas que levem à transformação da escola e dos processos de ensino--aprendizagem, visando não apenas, mas também, à construção de projetos de vida éticos por alunos e alunas.

Um segundo aspecto a ser destacado nesse modelo de educação tradicional nos cursos superiores é que, em geral, ele desconsidera os objetivos amplos da educação, que devem articular dialeticamente a "instrução" e a formação ético-afetiva e sociopolítica dos futuros docentes. Com poucas exceções, diríamos, os cursos preocupam-se apenas com o primeiro eixo, a "instrução", que trata de ensinar as disciplinas fragmentadas das propostas curriculares. O segundo eixo dos objetivos da educação, o da formação ético-afetiva e sociopolítica do docente – que fornece a este as condições psíquicas, cognitivas, afetivas, culturais, técnicas e tecnológicas necessárias para uma vida pessoal e profissional digna e saudável –, não é trabalhado pelas instituições.

Existe, assim, uma lacuna em todo esse processo, que traz complicadores para a educação brasileira: a formação de professores em condições de lidar com as demandas de uma nova geração de alunos ansiosos por experiências educacionais mais ativas e que lhes propiciem apoio para a construção de seus projetos de vida pessoais, sociais e profissionais. Em geral, apesar de estarem previstos nos projetos pedagógicos da grande maioria das escolas, não é assim que se estruturam os currículos e as práticas acadêmicas dos cursos de formação profissional. O eixo da formação ética, pessoal e social, no qual se enquadra o trabalho visando à construção de projetos de vida, é ignorado.

Em síntese, acreditamos que esses são alguns dos nós górdios para o avanço do sistema educacional brasileiro: uma formação de professores em nível inicial não condizente com as necessidades da escola contemporânea, desestimulante inclusive, que se soma à falta de interesse dos jovens pela carreira docente devido à baixa remuneração e à pouca respeitabilidade social, entre tantos outros fatores.

## A formação de professores para a escola contemporânea

A busca de transformações na educação é premente diante das mudanças sociopolíticas, econômicas e tecnológicas que vêm impactando a produção de conhecimento e as habilidades e competências exigidas das novas gerações que ainda vão entrar no mundo do trabalho e desfrutar da complexa vida adulta.

Formar professores para essa realidade é um grande desafio, e devemos ser bastante cuidadosos para não buscar respostas simplificadoras para essa realidade complexa que é a educação.

Compreender os aspectos multidimensionais que caracterizam as relações nas sociedades hipercomplexas como as que vivemos, evitando a utilização reducionista, disjuntiva e abstrata do pensamento simplificador (Morin, 2005), demanda a adoção de novas formas de análise e atuação pedagógica, baseada em paradigmas epistemológicos e científicos que começam a se consolidar no campo da educação: o construtivismo, o construcionismo, o aprender fazendo e o trabalho colaborativo e cooperativo calcado em conhecimentos inter, multi e transdisciplinares.

Assim deve ser compreendida a formação de professores para atuar nessa escola que está sendo reinventada em todo o mundo. Romper com a forma tradicional ainda prevalente de formar professores no Brasil é uma condição necessária (embora não suficiente, claro) para que as inovações do mundo contemporâneo sejam absorvidas nos espaços educativos, para que a escola cumpra a sua função social de formar e instruir as novas gerações.

Formar professores para essa realidade não é, como virou lugar-comum dizer, aumentar os conteúdos práticos e técnicos, dos cursos, empobrecendo a formação sociopolítica e filosófica desses futuros profissionais. Não é colocando os futuros professores em sala de aulas tradicionais nas escolas atuais que conseguiremos formá-los para a nova realidade social. Essa é uma simplificação da discussão que não contribui com os processos de reinvenção da educação.

A necessidade de reinvenção da educação e as formas de promovê-la estão na essência da criação e das atividades do

Núcleo de Pesquisas em Novas Arquiteturas Pedagógicas da Universidade de São Paulo. Nossos objetivos são atuar por meio de projetos de pesquisa e de intervenção sobre três eixos complementares na formação de professores: os conteúdos, as formas e as relações entre professores e alunos.

De forma breve, as novas arquiteturas pedagógicas pressupõem transformar os **conteúdos educativos**, o que implica trazer a dimensão ética, de responsabilidade social e de busca da sustentabilidade ambiental para os currículos, complementando e enriquecendo as concepções multi, inter e transdisciplinares de conhecimento. Nesse contexto, temáticas de ética, cidadania, projetos de vida dos jovens e aprendizagem em serviço fazem parte do rol de conteúdos que precisam integrar o cotidiano escolar e os currículos, de forma que a escola coincida com as necessidades das sociedades contemporâneas.

É essencial, também, mexer nas **formas** como se organizam os processos educativos, significando que é urgente repensar os tempos e espaços nas escolas e universidades, incorporando as transformações radicais por que vem passando o acesso à informação e ao conhecimento decorrentes das revoluções tecnológicas recentes, atreladas aos processos de democratização da sociedade contemporânea.

A introdução de sistemas educacionais baseados no uso de tecnologias de informação e comunicação (TICs) e em ferramentas de aprendizagem aberta e colaborativa constitui um aspecto essencial nesse processo. Ao promover a interação e novas formas de relações sociais em consonância com novas configurações de produção de conhecimento pela humanidade, a introdução das TICs pode gerar inovações na organização dos tempos, espaços e relações nas instituições de ensino. A possibilidade de incorporar diferentes linguagens nas relações educativas, apoiadas em recursos multimídia e em novas formas de se conceber as relações de ensino e de aprendizagem e os papéis a ser desempenhados pelos sujeitos da educação, com toda a diversidade derivada do acesso de todas as pessoas às escolas e universidades, leva-nos a estar no limiar de algo diferente na história da humanidade.

Mas não apenas isso: o trabalho interdisciplinar que articula os conhecimentos disciplinares e as temáticas transversais em torno de projetos também promove mudanças na forma de se atuar na educação junto com os novos conteúdos curriculares.

O essencial em todo esse movimento, no entanto, é a mudança no eixo, no próprio papel dos sujeitos envolvidos nos processos educativos. Isso é o que configura a terceira dimensão de sustentação dos processos de reinvenção da educação e do que estamos chamando de novas arquiteturas pedagógicas: **a relação entre docentes e estudantes**. Autores como Shulman (2004) e Weimer (2002) apontam que a relação ensino-aprendizagem deve sofrer uma inversão, deixando tal processo de centrar-se no ensino e passando a focar a aprendizagem e o protagonismo do sujeito da educação.

Nessa concepção, a construção do conhecimento pressupõe um sujeito ativo, que participa de maneira intensa e reflexiva dos processos educativos. Assim, a reinvenção das práticas educativas deve considerar um indivíduo que constrói sua inteligência, sua identidade, seus projetos de vida e produz conhecimento por meio do diálogo estabelecido com seus pares, com os professores e com a cultura, na própria realidade cotidiana do mundo em que vive. Nesse modelo, alunos e alunas são autores do conhecimento, e não meros reprodutores daquilo que já foi produzido.

O modelo construtivista e ativo é oposto ao da escola tradicional, para quem fazer tarefas de casa, refletir sobre textos e responder a tarefas predefinidas e predeterminadas pelos professores ou pela sociedade, individualmente ou em grupo, mesmo com pensamentos de ordem superior, são considerados **atividades**. Na escola tradicional, o aluno precisa descobrir o que alguém determinou que ele deve saber. Em outras palavras, nesse tipo de escola, mesmo que haja trabalhos em grupo, discussões e reflexões, a concepção epistemológica é empirista: o mundo e a natureza estão prontos, foram criados por Deus ou "alguém", e o papel dos estudantes na sala de aula é descobrir o que está aí, já dado. Existe uma resposta certa, previamente determinada pelo professor ou pelos livros.

A aprendizagem ativa, de acordo com Prince (2004), é qualquer método instrucional que envolva os alunos no processo de aprendizagem. Em um livro clássico, Bonwell e Eison (1991) dizem que a aprendizagem ativa é definida como uma atividade instrucional que leva os alunos a fazer as coisas e pensar no que estão fazendo. Dessa forma, os métodos de aprendizagem ativa na educação têm como principal pressuposto teórico um aluno que assume papel central e ativo na aprendizagem e na busca de conhecimento, coconstruindo o mundo e a realidade, que não são considerados prontos. Esse modelo epistemológico está baseado em autores como Jean Piaget, Lev Vigotski, John Dewey e Paulo Freire.

Tudo isso altera o papel do professor na sala de aula e nos demais espaços e tempos de aprendizagem. Ele passa de alguém responsável pela transmissão de conhecimento a alunos passivos a alguém que medeia a participação do aluno em atividades relevantes e contextualizadas no mundo real por meio de métodos de ensino ativos, interativos e colaborativos (Araújo *et al.*, 2014; Decker e Bouhuijs, 2009).

A aprendizagem baseada em problemas (ABP), a aprendizagem baseada em problemas e por projetos (ABPP), o *design thinking* e a cultura *maker* são exemplos de metodologias ativas e do cerne desses processos que precisam ser incorporados como eixo central das práticas pedagógicas nos cursos de formação de professores – tanto para trabalhar a instrução como a formação ética e sociopolítica nas dimensões pessoal, social e profissional. Assim, esses princípios pedagógicos, articulados com as mudanças nos conteúdos, nas formas e nas relações entre docentes e estudantes, apontam caminhos para a estruturação e a reinvenção da educação a partir da formação de docentes competentes para o exercício profissional.

## A formação do bom professor e seu trabalho na construção de projetos de vida

Afinal, o que é ser um bom professor e que princípios, além das novas arquiteturas pedagógicas, devem estar envolvidos na sua formação? Ou, enfim, onde essas novas arquiteturas pedagógicas, incluindo o trabalho com projetos de vida, se encaixam na construção das identidades docentes do bom professor? De acordo com Gardner, Csikszentmihalyi e Damon (2001), a formação e o desenvolvimento profissional docente precisam ser pautados por três princípios articulados: a *excelência*, a *ética* e o *engajamento*.

A lógica subjacente a esse modelo de formação é denominada "bom trabalho" (*good work*, em inglês), ou seja, aquele que:

» exige de quem o realiza uma atuação excelente, entendida como qualificada e atualizada de acordo com os conhecimentos e técnicas mais recentes;
» tem comprometimento com a profissão e com as ações e responsabilidades que dela derivam, bem como com a satisfação pessoal do indivíduo;
» origina ações coerentes com o que a sociedade e a cultura considerem éticas e morais.

Esses três princípios se articulam como uma hélice tríplice (em analogia à dupla hélice do DNA), na qual se encontram imbricados e articulados. As pessoas podem desenvolver uma ou duas dessas virtudes, mas o "bom trabalho", ou o "bom professor", só se constitui quando as três bases estão presentes e articuladas.

Essa proposta surgiu de pesquisas iniciadas em 1994, quando Howard Gardner, William Damon e Mihaly Csikszentmihalyi se encontraram no Center for Advanced Study in the Behavioral Sciences, em Palo Alto, Califórnia (EUA). Inicialmente, o projeto se chamou "Humane Creativity Project", e seu objetivo era saber se as pessoas poderiam ser criativas, usar a mente de forma generativa e produtiva e, ao mesmo tempo, ser humanas, usando seus talentos em benefício de seus semelhantes (Gardner, 2004). A pergunta provocadora que direcionou o projeto foi: o trabalho criativo pode também ser humano?

Ainda nos anos iniciais houve uma mudança nos objetivos desse projeto, que assumiu a denominação "GoodWork", e seu problema central passou a ser: "quais são a natureza e as condições do bom trabalho nas profissões?" Nessa nova perspectiva, como afirma Nakamura (2010), o projeto deixou de focar em artistas, cientistas e inventores que buscavam transformar a cultura por meio de esforços criativos e passou a contemplar pessoas no exercício da profissão e as condições nas quais desenvolviam seu trabalho, atendendo às expectativas sociais.

Assim como na língua portuguesa, em que a palavra "bom" tem uma série de significados, como "generoso", "competente" etc., na língua inglesa ocorre o mesmo. De acordo com Gardner (2004, p. 17), em inglês, "bom" tem dois significados principais: algo de "alta qualidade" e "ético, responsável". O autor explica, assim, que o "bom trabalho" reúne esses dois critérios, sendo extremamente especializado, de excelente qualidade e, ao mesmo tempo, moral, ético, responsável – levando em consideração suas implicações sociais.

O projeto GoodWork começou, assim, como pesquisa de ciências sociais. No entanto, um aspecto incitou a equipe a aprofundar os estudos: jovens que, nas entrevistas, vislumbravam um "bom trabalho" mas, num mundo competitivo e de busca do sucesso, diziam que não podiam se preocupar em trabalhar de forma ética, pois seriam ultrapassados por pessoas habituadas a cortar caminhos sem se preocupar com esse tema. Segundo esses jovens, somente depois que atingissem o sucesso é que poderiam se preocupar com as questões éticas.

Tal constatação foi um marco nas pesquisas sobre o "bom trabalho", levando os pesquisadores a criar ferramentas para lidar com a juventude. Gardner, que desenvolveu a teoria das múltiplas inteligências nos anos 1980 (Gardner, 1983), com seu envolvimento nesse trabalho procura mostrar que de nada adianta sermos pessoas capacitadas intelectualmente, de várias maneiras, se não conseguirmos atuar de forma ética, responsabilizando-nos por nós mesmos, pelos outros, por nosso local de trabalho, por nosso campo profissional e pela sociedade – em suma, se não construirmos projetos de vida éticos, pautados na excelência e no engajamento (Gardner, 2009; Barendsen e Fischman, 2007).

As premissas do projeto GoodWork assumem que nenhum ser humano faz apenas as coisas certas e que nem sempre as pessoas têm consciência das implicações de seu trabalho na sociedade, mas existe diferença entre aqueles que pensam constantemente nas implicações de seu trabalho e procuram fazer as coisas da melhor maneira possível e aqueles que são indiferentes a esses princípios (Gardner, 2004).

Com o avanço das pesquisas e publicações, que sujeitaram o projeto a diversos aprimoramentos, a definição de "bom trabalho" acrescentou um terceiro elemento – ou um terceiro **E**, além de ética e excelência: *engajamento*. Nesse caso, adicionou-se a compreensão sobre a importância das experiências subjetivas no trabalho, assumindo-se a relevância das qualidades do trabalhador.

No caso da profissão docente, entende-se que a excelência implica estar sempre atualizado no que há de mais avançado nos vários campos de conhecimento e, por que não dizer, com as três dimensões das novas arquiteturas pedagógicas: os conteúdos, as metodologias ativas e o papel do professor como mediador do conhecimento. No caso do princípio ético, pode-se valorar no exercício profissional algumas virtudes, como a honestidade, o rigor, o equilíbrio, a justiça, o respeito e muitas outras características a ser definidas coletivamente. Finalmente, o gostar de ser professor e a autorrealização, articulados em um projeto de vida de ser docente e atuar na educação, constituem elementos a ser almejados pelo bom professor.

Para o desenvolvimento do "bom professor", Howard Gardner e sua equipe (Fischman e Barendsen, 2010) desenvolveram o que chamam de "anéis de responsabilidade", que buscam orientar o trabalho pedagógico em torno de cinco espaços objetivos e subjetivos de responsabilidade:

» *eu*;
» pessoas próximas;
» local de trabalho/estudo;
» campos profissionais;
» sociedade.

Seguindo essa proposta, a formação dos princípios de excelência, ética e engajamento se inicia quando o indivíduo trabalha o autoconhecimento sobre eles. Em uma segunda etapa, aplicam-se esses conhecimentos nas relações com os outros ao seu redor, para em seguida levá-los ao local de trabalho ou estudo. A quarta etapa consiste em ampliar tais conhecimentos para o campo geral da educação e, finalmente, extrapola-se a compreensão para os diversos níveis da sociedade em geral.

**FIGURA 1** • Anéis de responsabilidade

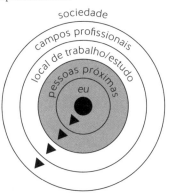

Fonte: Fischman e Barendsen (2010)

Partindo desse modelo dos anéis de responsabilidade, podemos desenhar programas de formação de bons professores que sigam essa dinâmica tanto por meio de projetos integradores que organizem o currículo dos cursos durante toda a formação quanto por meio de projetos específicos a ser desenvolvidos pontualmente no transcorrer dos semestres. Porém, a adoção desses programas fará sentido se pautada nos princípios das novas arquiteturas pedagógicas anteriormente discutidos – demonstrando para os futuros profissionais, na prática do aprender-fazendo, como o bom professor se forma no cotidiano de suas práticas e reflexões de trabalho.

Isso significa, por exemplo, iniciar o processo de desenvolvimento profissional – tanto na formação continuada quanto nos projetos específicos – com ações que levem ao autoconhecimento dos professores, ou estudantes de pedagogia e licenciatura, seus projetos de vida nas dimensões pessoal, social e profissional, levando-os a refletir e a se conscientizar sobre o sentido que a educação tem para cada um.

Assim, devem buscar conhecimento e refletir sobre o que há de mais avançado em termos de conteúdos e métodos em seu campo de atuação, o que inclui as metodologias ativas de aprendizagem. Precisam entender seu papel de mediador na prática docente – e não de meros transmissores de conhecimento em sala de aula – e o impacto de seus valores, atitudes e sentimentos nas relações com alunos e colegas. E, também, refletir sobre as razões que os levaram a esse campo de atuação profissional, pessoal e social.

Realizar entrevistas semiestruturadas com professores e outros profissionais da educação sobre como eles percebem essas dimensões do bom profissional e da própria atuação é outro caminho. Tudo isso, claro, com registro dos dados coletados e das reflexões feitas. O uso da técnica de mapas conceituais ou a construção de diários de campo sistematizados ajudam a promover esses registros.

Numa segunda etapa, os dados registrados e as reflexões pessoais são levados a espaços de interação e discussão com colegas em sala de aula ou com aqueles mais próximos nas escolas em que trabalham, com quem compartilham disciplinas ou projetos. Como se sabe, a interação com os outros, confrontando pontos de vista diferentes ou complementares, é um rico processo psicossocial para o autoconhecimento, a constituição psicológica e a construção das identidades.

Nesse momento, por exemplo, o trabalho cooperativo é solicitado aos professores ou aos estudantes. As entrevistas e observações anteriores feitas individualmente agora são trabalhadas em grupo, de modo que se integrem os diferentes conhecimentos e concepções ao projeto em construção. O objetivo não é obter consensos ou visões únicas; ao contrário, é perceber a diversidade e a complexidade como ferramentas fundamentais para a qualidade educativa. Se foram utilizados mapas conceituais ou se foram feitos diários de campo individuais para os registros, eles agora são incrementados e complementados para exprimir a diversidade.

Esse é o ponto de abertura para a terceira etapa do programa que estamos propondo: ampliar a ação para a instituição como um todo. No caso de formação continuada de professores em exercício, isso pode significar um projeto em que todos os professores e gestores de uma escola realizem exercícios coletivos sobre como percebem a excelência, a ética e o engajamento no desenvolvimento do projeto político-pedagógico da instituição.

Assim, do ponto de vista prático, o desafio lançado pode ser o de concluir um semestre ou um ano produzindo um projeto político-institucional para a escola que descreva de forma detalhada:

» como buscará a excelência didático-pedagógica na formação de seus alunos;
» como alguns procedimentos serão implementados nas aulas e nos demais espaços para a promoção da ética e cidadania – por exemplo, por meio de assembleias escolares ou projetos interdisciplinares sobre temáticas ambientais;
» como o clima escolar pode ser melhorado tanto na sala dos professores como em outros espaços da escola, transformando-os qualitativamente para promover o bem-estar das pessoas que deles participam.

No caso específico de estudantes de licenciatura ou de pedagogia, as ações podem abranger professores de outras disciplinas dos cursos de formação de professores na instituição, para que percebam a diversidade de perspectivas sobre os três Es em campos complementares. Pode-se criar um protótipo de escola, usando uma maquete e/ou formas de multimídia que descrevam como seria a boa escola, pautada na excelência, na ética e no engajamento de todos em suas atividades.

Na quarta etapa do programa de formação que estamos sugerindo, deve-se ampliar a perspectiva incorporando a visão de outros profissionais sobre tais temáticas. Isso significa, por exemplo, que os projetos mencionados nos parágrafos anteriores podem ser complementados ouvindo a perspectiva de gestores, funcionários administrativos, famílias, políticos etc. Enfim, o projeto político-pedagógico, ou o protótipo de uma boa escola, é enriquecido com a escuta mais ampla de outras pessoas, como preconizam os princípios do *design thinking*, que serão explicitados adiante. Ouvir outros indivíduos vinculados à área de educação, em suas múltiplas facetas, permite aprimorar os projetos com uma visão ampla sobre o campo profissional.

Finalmente, sugere-se ampliar as atividades do programa a fim de entender como esses princípios de excelência, ética e engajamento se manifestam em outros campos da vida social, o que implica estudar – e conversar com – profissionais de outras áreas e pessoas que atuam em espaços formais e não formais da sociedade. Conhecer outras perspectivas é sempre enriquecedor para o autoconhecimento e o desenvolvimento posterior de atividades sobre projetos de vida com os estudantes na educação básica, quando um amplo leque de opções profissionais, sociais e pessoais precisa ser considerado no trabalho em sala de aula.

O modelo de programa exemplificado nos parágrafos anteriores deve ser desenvolvido no transcorrer dos cursos de formação docente, desde o primeiro semestre, contribuindo para que os próprios estudantes, professores em exercício ou em desenvolvimento reflitam sobre sua identidade e ajam na construção, ou ressignificação, de seus projetos de vida, sobretudo no campo profissional. Podem ser programas organizados no transcorrer de todo o período de formação ou no primeiro ano do curso; o fundamental é que esteja integrado transversalmente ao curso em questão. Assim, o que interessa não é criar um programa rígido de formação do bom professor, mas mostrar um caminho didático-pedagógico que pode ser adaptado às condições dos diversos modelos de desenvolvimento docente: cursos superiores, de formação continuada e até mesmo em escolas interessadas em criar um clima educacional positivo pautado em princípios de excelência, ética e engajamento.

Evidente, também, que é fundamental a presença das metodologias ativas de aprendizagem, que permitem superar a fragmentação curricular e se organizam em torno de projetos interdisciplinares. A cada nova etapa, é preciso prever a entrega de produtos, processos ou propostas de políticas de ação que levem os participantes não apenas a refletir sobre as questões abordadas, mas também a prever soluções para os problemas identificados no decorrer dos projetos, evitando que sejam apenas discussões teóricas.

Perspectivas como as aqui anunciadas, embora não resolvam os problemas que minam o interesse dos jovens pelo magistério, ou os dos atuais docentes em seu exercício profissional, podem contribuir para que aqueles que optaram pelo magistério tenham maior consciência de seu papel na educação, e aprendam a direcionar suas ações e aprendizados na direção do engajamento pessoal, da busca da excelência e da ética no exercício da profissão docente.

A seguir, veremos formas de desenvolver projetos com metodologias ativas que almejem a construção dos projetos de vida tanto de jovens quanto de profissionais da educação.

## As metodologias ativas na formação de professores para o trabalho com projetos de vida

Seguindo os princípios que sustentam o trabalho do bom professor e das novas arquiteturas pedagógicas, e visando ao desenvolvimento profissional para o trabalho com projetos de vida nas escolas, nas próximas páginas apresentaremos experiências que desenvolvemos nos últimos anos no estado de São Paulo.

Tais modelos, considerando o foco deste livro, são facilmente adaptados a programas que visam formar professores para trabalhar com as competências e habilidades requeridas pelas sociedades contemporâneas, como a do trabalho com projetos de vida.

Essas experiências foram desenvolvidas na Universidade de São Paulo (USP) e na Universidade Virtual do Estado de São Paulo (Univesp). Em primeiro lugar, houve o curso de especialização em "Ética, valores e cidadania na escola", que formou mais de 2.500 professores em exercício, oferecido pela USP entre 2011 e 2014. Em seguida, ocorreu a implementação da licenciatura em Ciências da Natureza e Matemática para 2 mil estudantes de mais de 50 municípios de São Paulo, oferecida pela Univesp a partir de 2014.

Em comum, essas duas experiências em larga escala por nós coordenadas tinham estrutura semipresencial, calcada em um modelo didático-pedagógico sustentado por novas arquiteturas pedagógicas e embasado em cinco pilares complementares:

1. a transmissão de conhecimentos relevantes;
2. o uso de situações-problema para o desenvolvimento profissional;
3. a busca da interdisciplinaridade;
4. o trabalho colaborativo e cooperativo;
5. os princípios do aprender fazendo.

Vejamos, a seguir, como se estruturaram tais cursos de formação e seus pilares de sustentação.

A **transmissão de conhecimentos** refere-se à apresentação e discussão de conceitos e conteúdos considerados relevantes, definidos pelas áreas de conhecimento específicas do currículo. Em nossos cursos, ela se dava por meio de videoaulas de cerca de 15 minutos de duração cada.

As **situações-problema** servem como ponto de partida para que os estudantes criem e proponham soluções para problemas complexos que identificarem em contextos reais. Nesse processo, eles aprendem a relacionar a teoria e os exemplos de aplicação vistos nas videoaulas com as situações complexas encontradas no mundo real das salas de aula. Esse trabalho era desenvolvido empregando-se a aprendizagem baseada em problemas (ABP) e a aprendizagem baseada em problemas e por projetos (ABPP), quando os estudantes tinham de aprender a identificar e investigar uma situação-problema real na sala de aula, na escola e/ou na comunidade local, e desenvolver soluções durante um semestre letivo.

A **interdisciplinaridade** se consolidava por meio dos projetos integradores na estrutura curricular, quando os estudantes precisavam transpor as tradicionais fronteiras e métodos disciplinares durante o seu desenvolvimento, incorporando temáticas de cidadania e de construção de projetos de vida, por exemplo, às atividades dos cursos. O **trabalho colaborativo e cooperativo** visava fortalecer a aprendizagem social, do trabalho em grupo, do compartilhamento de ideias e da coconstrução de conhecimentos para o processo de formação de professores. Por meio dos projetos integradores, os professores em exercício e os alunos de licenciatura tinham de aprender a lidar com a diversidade de interesses e habilidades na equipe, bem como aprender a compartilhar planejamento, execução e reflexão sobre os processos implícitos no desenvolvimento dos projetos, criando assim as condições para a coconstrução de conhecimentos, baseada no trabalho colaborativo e cooperativo.

Finalmente, o **aprender fazendo** era o quinto pilar desse modelo. Na perspectiva do aprender fazendo busca-se romper a dicotomia entre teoria e prática, aproximando os futuros professores ao mundo profissional real das escolas e salas de aula.

Do ponto de vista prático, a articulação entre esses diferentes pilares se dava por meio dos projetos integradores (PI), obrigatórios na estrutura curricular dos cursos. Os PIs funcionavam como o eixo central do currículo, em torno do qual giravam todas as atividades formativas e os conteúdos acadêmico-científicos trabalhados na formação e no desenvolvimento profissional dos estudantes.

Nesses cursos, as metodologias do *design thinking* (DT) e da cultura *maker* eram trabalhadas de forma complementar à ABPP. De acordo com Plattner, Meinel e Leifer (2011), o *design thinking* é uma metodologia centrada no ser humano que integra a colaboração multidisciplinar e a melhoria iterativa para produzir produtos, sistemas e serviços inovadores com foco no usuário final. Os projetos começam com um desafio ou um problema e são centrados no ser humano, porque o processo de concepção de serviços inovadores, por exemplo, começa examinando necessidades, sonhos e comportamentos das pessoas a ser afetadas pelas soluções projetadas (Ideo, 2009).

A filosofia e metodologia *maker* é também um método de aprendizagem ativa que vem se disseminando em todo o mundo. Enfatiza o **aprender fazendo** no ambiente social e a construção de artefatos. De acordo com Sharples *et al.* (2013), a emergente "cultura *maker*" enfatiza a aprendizagem informal, em rede, liderada por pares e compartilhada, motivada pela diversão e pela autorrealização. Blikstein (2013) diz que os projetos dos alunos em uma cultura *maker* devem estar profundamente conectados com problemas significativos, seja em nível pessoal ou comunitário, e projetar soluções para esses problemas pode ser fonte para transformações educacionais e para o empoderamento de pessoas e comunidades.

Nesse modelo didático-pedagógico adotado nos projetos integradores, a meta era o processo de construção de vários protótipos para solucionar os problemas enfrentados, que deveriam ser testados continuamente durante o seu desenvolvimento com os usuários da solução elaborada, até se chegar a um modelo apto a ser implementado na realidade.

O *design thinking* apoia-se em três fases iterativas para o desenvolvimento dos protótipos de solução de problemas. São elas: ouvir, criar e implementar, como pode ser observado na figura a seguir.

**FIGURA 2** • Fases do *design thinking*

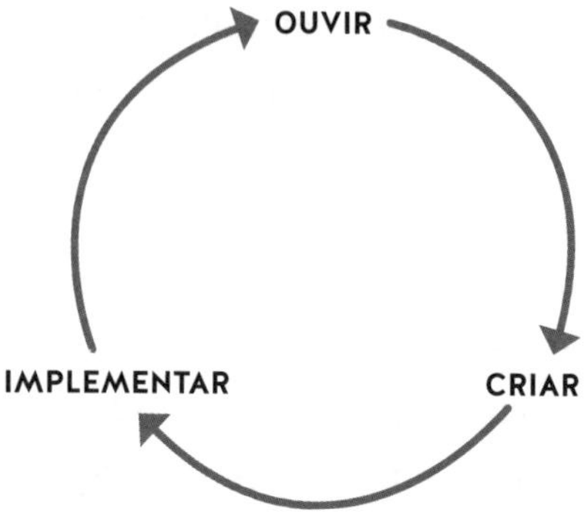

Fonte: Ideo (2009)

No desenvolvimento do projeto integrador, cada grupo de até seis professores ou estudantes de licenciatura devem pesquisar e resolver situações-problema relacionadas com a realidade e o cotidiano do campo de conhecimento de seus cursos e disciplinas, durante as 16 semanas do semestre letivo.

O processo de elaboração do problema do PI pelos grupos nas três semanas iniciais é caracterizado pela etapa do *ouvir* na perspectiva do *design thinking*. A partir da definição do problema a ser estudado, na quarta semana entra-se na fase de *criar*, que envolve a produção de protótipos iniciais para enfrentar ou solucionar o problema. Na sequência, nas últimas quatro semanas, inicia-se a preparação para a finalização, testagem ou implementação da solução estudada na escola. O(a) leitor(a) pode encontrar descrições mais detalhadas sobre esses procedimentos em outras publicações (Araújo, 2011; 2014; Araújo *et al.*, 2014; 2019).

Selecionamos alguns projetos que foram desenvolvidos durantes os cursos mencionados, para mostrar aos leitores que tipo de soluções e protótipos podem ser criados e desenvolvidos visando ao trabalho com projetos de vida dentro dos modelos didático-pedagógicos apresentados.

» **Projeto de vida – Jogo on-line** – O grupo de professores de uma escola pública municipal da cidade de Monte Mor (SP) identificou como problema na sua escola a falta de elaboração de projetos de vida dos alunos, que tendiam a reproduzir a família e a sociedade em seus projetos, sem buscar novos desafios. A solução construída nas 16 semanas foi a criação de um jogo que provocasse a reflexão nos pré-adolescentes de 11 e 12 anos de idade, demandando que avaliassem suas escolhas do presente e o impacto delas em seu futuro. Para a viabilização do jogo, o grupo elaborou uma versão em formato de livro e outra em formato digital. No jogo, a cada nova decisão tomada pelo adolescente, ele era encaminhado para uma nova página decorrente de sua escolha, quando tinha de ler e desvendar caminhos para delinear sua trajetória a partir dali.

» **Aplicativo para projetos de vida** – A fim de auxiliar estudantes do ensino médio a construir seus projetos de vida no campo profissional, estudantes de licenciatura desenvolveram uma série de aplicativos para celular que fornecessem uma plataforma interativa em que os estudantes pudessem: conhecer mais sobre determinadas profissões; ouvir depoimentos sobre o que levou algumas pessoas a escolhê-las; os desafios que teriam de enfrentar; as características que os profissionais deveriam ter; e os locais onde poderiam conhecer mais sobre a profissão.

» **Projetos de vida no jogo "Escola em ação"** – Além de atender a uma demanda imediata dos alunos de atividades ou jogos durante o recreio, o grupo de professores queria promover o protagonismo juvenil e colaborar com a ampliação dos conhecimentos gerais dos estudantes sobre si e sobre profissões. Assim como no jogo original – o *Imagem e Ação* –, o protótipo tinha um tabuleiro, cartas, ampulheta, dados e pinos. O jogo permitia a participação de vários alunos. Ao retirar a carta, um membro do grupo representava por mímica um aspecto sobre autoconhecimento relacionado com projetos de vida e escolhas profissionais.

» **Mãe-Menina** – Reconhecendo o problema que aflige uma parcela considerável de jovens meninas que engravidam na adolescência e o impacto dessa situação na vida delas, na sociedade e nas suas perspectivas profissionais, um grupo de estudantes da USP criou o portal Mãe-Menina na internet. Nesse projeto, eram oferecidos cursos e conhecimentos sobre a customização de roupas, que as jovens grávidas poderiam empregar tanto para adaptar as próprias roupas às transformações do corpo quanto como perspectiva de renda. Mostravam-se depoimentos de pessoas que haviam enfrentado situações semelhantes no passado e superado com êxito as adversidades, tornando-se bem-sucedidas pessoal e profissionalmente. O portal sugeria ações que as garotas poderiam desenvolver em casa durante a gravidez e depois dela como fonte de renda, como a de fazer doces e salgados para vender. Enfim, o portal tinha como meta o empoderamento de jovens adolescentes grávidas na construção de seus projetos de vida.

» **Dando uma mão** – Estudantes de graduação da USP criaram um site para que os adolescentes explorassem as profissões, auxiliando-os a refletir sobre si e sobre o caminho profissional que gostariam de seguir. Esse site utilizou linguagem e organização mais adequadas para jovens, dividindo-se em três áreas: a) "Basicão", para jovens que não sabem o que fazer; b) "Buscando", para jovens que procuram informações de faculdades e profissões; c) "Trampo", para jovens que querem explorar como é o trabalho em áreas profissionais específicas.

Concluindo, as metodologias ativas de aprendizagem são ferramentas potentes para o trabalho de desenvolvimento profissional que almeje transformar conteúdos, métodos e relações na escola, visando à formação do bom professor, comprometido em auxiliar os estudantes na construção de seus projetos de vida, e coerente com as demandas da sociedade atual. Aprendizagem baseada em problemas (ABP), aprendizagem baseada em problemas por projetos (ABPP), *design thinking* e cultura *maker* são quatro metodologias eficazes em cursos para professores em exercício e estudantes de licenciatura e pedagogia, ao exigir deles que desenvolvam habilidades de criatividade, planejamento e de trabalho cooperativo. Além disso, pensamos que a natureza colaborativa dessas metodologias, tanto entre os professores quanto entre eles e seus estudantes e com a comunidade, sustenta uma formação com excelência, a construção de uma atmosfera ético-moral nas escolas e maior satisfação pessoal no desenvolvimento das atividades profissionais.

·····

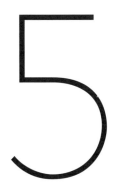

# FOMENTANDO PROJETOS DE VIDA NA ESCOLA: ALGUMAS POSSIBILIDADES

**A CONSTRUÇÃO DE PROJETOS** de vida solicita esforço pessoal, descoberta, curiosidade, empenho e, em especial, o apoio e o direcionamento de amigos, familiares e demais adultos dos diversos meios educativos em que os jovens estão inseridos (Moran *et al.*, 2012). Assim, podemos afirmar que a escola exerce papel central na construção e no desenvolvimento de projetos de vida, na medida em que influencia a constituição da identidade, a construção de valores, a exploração de habilidades sociocognitivo-emocionais e a elaboração de objetivos futuros que coadunem as perspectivas pessoais, sociais e profissionais de cada estudante. Toda instituição escolar que pretende fomentar a construção de projetos de vida que direcionem de forma significativa alunos e alunas, ao mesmo tempo que desempenha seu papel de transformação social, precisa compreender, como indicamos no capítulo anterior, que o formato de escola tradicional não é capaz de suprir tal demanda e, consequentemente, faz-se necessário repensar sua função social e a organização dos tempos, espaços e relações escolares.

Estudos sobre práticas escolares que apoiam e fomentam a construção de projetos de vida por estudantes têm destacado algumas possibilidades de intervenção pedagógica que se mostram capazes de impactar, sobremaneira, a forma como esse construto é elaborado pelos jovens, chegando a um direcionamento que lhes seja mais significativo e impacte o mundo além de si. A seguir, destrincharemos algumas dessas possibilidades.

## Projetos de vida e a construção da identidade moral como conteúdos escolares

Em um livro intitulado *Teaching for purpose* (2018), a pesquisadora Heather Malin, do grupo liderado pelo professor Damon na Universidade de Stanford, esclarece que a construção de um projeto de vida está necessariamente imbricada à constituição da identidade moral, como ressaltamos em nosso segundo capítulo. Diante desse fato, uma das formas de possibilitar a construção de projetos de vida pelos estudantes, assim como de apoiar a constituição de sua identidade moral, é a implementação de um currículo que os leve a construir valores, explorar sentimentos morais (como a empatia) e desenvolver habilidades sociocognitivo-emocionais – sempre tendo em vista seu papel ativo e seu engajamento em ações no contexto escolar e para além dos muros da escola.

Nesse sentido, trazemos o exemplo de um programa desenvolvido na Escola Pinheiro, na cidade de São Paulo, que desde 2013 tem se dedicado a desenvolver os projetos de vida de seus estudantes, nas perspectivas pessoal, social e profissional. Entre os anos de 2015 e 2018, a instituição implementou, em seu ensino médio, um trabalho longitudinal desenvolvido pela aluna de doutorado da Universidade de São Paulo Hanna Danza, com a orientação e coordenação das coautoras deste livro. Tal trabalho mostra caminhos para uma intervenção que sistematiza o desenvolvimento do autoconhecimento, da tomada de decisão, do juízo moral, da resolução de conflitos, da clarificação de valores e da autorregulação para a construção dos projetos de vida, alinhada ao desenvolvimento da identidade moral dos estudantes.

A íntegra desse programa, bem como seus resultados – que evidenciam seu sucesso na construção dos projetos de vida da maioria dos jovens participantes –, pode ser acessada na tese de doutorado de Hanna Danza (2019), disponível on-line no portal da Universidade de São Paulo.

O programa foi desenvolvido durante três anos nas turmas de ensino médio da escola no âmbito de uma disciplina – atualmente denominada Projeto de Vida – cuja meta era oferecer recursos para que os jovens:

» aprendessem a fazer escolhas importantes ao longo de toda a sua trajetória;
» aprendessem os procedimentos mentais exigidos para tanto;
» conseguissem ponderar eticamente suas escolhas;
» soubessem enxergar a complexidade da vida humana e seus conflitos;
» conseguissem atribuir sentido às suas experiências cotidianas e ao futuro;
» incluíssem a figura do "outro" em suas decisões e condutas.

O ponto de partida do trabalho foi a definição de um elenco de competências e habilidades a ser trabalhadas em sala de aula durante os três anos do ensino médio. Na tabela a seguir, apresentamos as competências definidas por Danza (2019) e alguns exemplos de habilidades:

PROJETOS DE VIDA

| COMPETÊNCIAS | EXEMPLOS DE HABILIDADES |
| --- | --- |
| Desenvolver o autoconhecimento | Esclarecer os próprios valores e as razões que motivam suas condutas. Desenvolver os recursos de escrita, fala e expressão artística para expressar os próprios pensamentos e sentimentos. |
| Organizar a narrativa autobiográfica | Atribuir significados às experiências vividas e ressignificar o passado com base em uma análise consciente de seu papel na construção da autobiografia. Identificar os fenômenos de causa e efeito na própria biografia, compreendendo como o passado e o presente se articulam para a construção do futuro. |
| Construir uma imagem positiva de si mesmo | Reconhecer a importância da autoestima positiva e como ela impacta diferentes dimensões da vida. Construir uma imagem adequada de si mesmo, que seja coerente com suas habilidades e limitações e permita-lhe sentir segurança e confiança em seus propósitos. |
| Reconhecer e respeitar as ideias e os sentimentos dos outros | Desenvolver a empatia para reconhecer e compreender os sentimentos alheios. Respeitar as diferenças e agir com tolerância e respeito. |
| Atribuir sentidos às experiências cotidianas e aos projetos de vida | Reconhecer e incorporar novos sentidos à vida, expandindo a rede de relações que eles estabelecem entre si. Identificar como tais aspectos compareçam em seus projetos de vida e como podem conferir significados mais profundos a suas atividades cotidianas. |
| Reconhecer a existência de diferentes modos de vida e valorá-los segundo critérios de felicidade | Identificar distintos modos de viver a vida e valorá-los segundo critérios de felicidade. Esclarecer desejos, interesses, crenças e valores para compreender que modos de vida podem lhe fazer feliz no presente e no futuro. |

| COMPETÊNCIAS | EXEMPLOS DE HABILIDADES |
|---|---|
| Saber fazer escolhas que atendam às necessidades pessoais e sejam orientadas por um sentido ético | Eleger critérios de escolha articulados com as descobertas feitas no âmbito do autoconhecimento e da felicidade. Incluir a figura do "outro" em suas decisões e ponderar eticamente suas escolhas. |
| Construir um projeto de vida coerente com a identidade e as aspirações futuras | Compreender a estrutura e a organização dos projetos de vida, diferenciando-os de outras figuras de antecipação. Compreender a necessidade da flexibilidade para adequar o projeto de vida à realidade e aprender a lidar com a frustração. |
| Planejar o processo formativo e as possibilidades de inserção no mercado de trabalho | Planejar as etapas formativas necessárias para a realização do projeto de vida. Conhecer as características, as possibilidades e as exigências da profissão desejada para o futuro, assim como as vias de inserção no mercado de trabalho. |
| Construir um projeto de vida orientado por um sentido ético | Compreender e atribuir um sentido pessoal, ético e sociopolítico ao projeto de vida. Criar – e se engajar em – soluções inovadoras, viáveis e desejáveis para transformar os problemas da realidade social e contribuir para a criação de um mundo mais justo e igualitário. |

Fonte: adaptado de Danza (2019)

Em uma segunda etapa preparatória, essas competências foram organizadas em torno de eixos temáticos distribuídos no decorrer dos três anos do ensino médio, buscando estruturar e organizar as ênfases das competências que seriam priorizadas em cada período.

|  | PRIMEIRO ANO | SEGUNDO ANO | TERCEIRO ANO |
|---|---|---|---|
| 1º TRIMESTRE | Autoconhecimento e autoestima | Os sentidos da vida | As profissões e as demandas do mundo contemporâneo |
| 2º TRIMESTRE | Em busca da felicidade | Os caminhos para a vida futura | As profissões e as demandas do mundo contemporâneo |
| 3º TRIMESTRE | O processo de escolha e a tomada de decisão | Ética e engajamento social | Resolução de conflitos e aprendizagem emocional |

Fonte: Danza (2019)

Finalmente, para desenvolver as atividades nas aulas, Danza utilizou o referencial teórico de Josep Puig e as metodologias propostas por ele no livro *Ética e valores: métodos para o ensino transversal* (1998). Na obra, o autor apresenta 12 técnicas e métodos educativos que se adaptam aos princípios das metodologias ativas e têm como pressupostos básicos a reflexão e o diálogo sobre conteúdos e conflitos de natureza ética. Entendeu-se serem bastante apropriadas para o trabalho com as dimensões constituintes dos projetos de vida na juventude e a formação da identidade moral.

A seguir, apresentamos algumas das metodologias empregadas e um breve relato das ações que a professora Hanna Danza desenvolveu com os estudantes de ensino médio durante os três anos da intervenção:

### Exercícios autobiográficos

Propôs-se aos os estudantes que fizessem um autorretrato que incorporasse elementos simbólicos para representar aspectos importantes relacionados com a biografia de cada um.

### Exercícios de construção conceitual

Apresentou-se um texto que explicava as origens e a definição do conceito de personalidade. Empregando o conceito de *persona* (máscara usada no teatro grego antigo), cada estudante recebeu uma máscara e teve como desafio criar uma personalidade para ela, usando os conceitos aprendidos no texto. Em seguida, tiveram de descrever os atributos psicológicos que constituem sua personalidade.

### Exercícios de autorregulação

Em momentos distintos (primeiro e segundo anos), aplicou-se um questionário para que os estudantes refletissem sobre seus valores, desejos, interesses e crenças e tomassem consciência deles.

### Exercícios de autoestima

Os estudantes receberam o texto intitulado "Narigudos sim, bem resolvidos também", de Ruth Manus (2015), no qual se explicita o processo de autoaceitação de uma característica que a autora não gostava em si mesma. Após a leitura e a discussão do texto, os estudantes foram convidados a escrever um relato sobre uma característica, física, psicológica ou comportamental, que não gostavam em si mesmos, em uma perspectiva de aceitação.

## Exercícios de compreensão crítica da realidade

Apresentou-se o documentário *Happy*, do diretor Roko Belic, produzido em 2011 nos Estados Unidos. Entre as muitas questões abordadas, o filme suscitou especial interesse dos alunos pelo *karoshi*, nome japonês que significa morte por excesso de trabalho. O grupo foi solicitado a refletir sobre o valor que o trabalho assume em nossa sociedade e a linha que o separa de uma fonte de realização pessoal e felicidade e de altas cargas de estresse, depressão e, portanto, infelicidade.

## Exercícios de *role model*

Apresentou-se a biografia do psiquiatra austríaco Victor Frankl, enfatizando sua experiência como prisioneiro em um campo de concentração, e pediu-se aos estudantes que lessem o capítulo "Ir para o fio", de seu livro *Em busca de sentido: um psicólogo no campo de concentração*. Entre as atividades posteriores, eles tiveram de refletir sobre por que Frankl era considerado uma pessoa exemplar, e que valores e condutas dele podiam inspirar outras pessoas.

## Resolução de conflitos

Discutiu-se um caso concreto de gravidez aos 16 anos de idade, abrindo espaço para o relato de histórias particulares dos estudantes relacionadas com essa temática. Por exemplo, uma estudante falou de uma mãe que, engravidando na adolescência, superou muitos desafios e terminou os estudos. Outra mencionou que uma das professoras da escola também ficou grávida na adolescência e atualmente está bem, trabalhando com o que gosta e cuidando de seu filho com muita responsabilidade.

### Exercícios de esclarecimento de valores

Foram entregues aos estudantes fichas contendo uma breve definição do conceito de "critério" e as razões pelas quais é importante definir critérios ao iniciar um processo de escolha, sobretudo quando ele tem grande impacto na vida futura. Na ficha também foram apresentados 12 critérios importantes para a escolha profissional, tais como exercer suas habilidades, ser bem remunerado, ser reconhecido pelos outros, contribuir para melhorias na sociedade etc. Os alunos foram orientados a eleger e hierarquizar aqueles critérios que acreditavam ser importantes para si mesmos no que diz respeito à escolha profissional e em seguida a explicar a razão de cada escolha. Também havia a possibilidade de eles incluírem critérios que não estavam presentes na lista.

### Exercícios de *role-playing*

Em duplas, os estudantes tiveram de representar o papel de um jovem que não sabe que profissão seguir, enquanto o outro era um amigo para o qual ele pede conselhos. Depois de um tempo, eram convidados a trocar os papéis e, ao final, na classe, discutir sobre as diferentes perspectivas abordadas.

### Discussão de dilemas morais

Uma série de dilemas morais que tematizam aspectos cotidianos na vida dos jovens dessa faixa etária foi trazida para a sala de aula. Por exemplo, um conflito entre o valor da amizade e os interesses pessoais, em que um jovem deve escolher entre sair com a namorada e ajudar um amigo a estudar para uma prova difícil.

## A Aprendizagem Baseada em Problemas e por Projetos: uma via para a construção de projetos de vida éticos

Partimos da perspectiva, tão enfatizada neste livro, de que, para que a escola exerça papel central no desenvolvimento dos projetos de vida dos jovens, precisa lançar mão de métodos ativos de aprendizagem, baseados em princípios de ética e cidadania. Como já ressaltamos, colocar o(a) aluno(a) no centro do processo lhe permite perseguir, como parte de sua formação identitária, engajamento social em projetos de vida que lhe proporcionem bem-estar e satisfação ao fazer diferença no mundo.

A perspectiva da aprendizagem baseada em problemas (ABP) encaixa-se nessa necessidade do trabalho com os projetos de vida, visto que se referenda em uma perspectiva construtivista, com foco na aprendizagem experimental e investigativa, centrada no aluno. Muito tem se escrito a respeito da ABP. Segundo Hmelo-Silver (2004), ela parte de um problema real e contextualizado, que envolve o aluno diretamente em sua resolução, tornando-o responsável pelo processo e, dessa forma, motivado. Isso promove um aprendizado contextualizado e integrado, não apenas de conteúdos, mas de procedimentos, contribuindo para que sejam construídas habilidades que serão importantes para a aquisição de novas aprendizagens ao longo da vida.

Na ABP, algumas etapas devem ser seguidas, levando os alunos a se organizar metodologicamente para a resolução do problema:

a   formulação, identificação e análise do problema;
b   construção de hipóteses;

c    produção de conhecimento integrado (com pesquisas empíricas e teóricas);
d    aplicação do conhecimento para a resolução do problema;
e    compartilhamento das descobertas realizadas.

Esse tem sido tema de nossas produções, sobretudo de Araújo (2011; Araújo *et al.*, 2014), que define os *projetos* como um dos caminhos possíveis para o trabalho na metodologia da ABP. Assim, a aprendizagem baseada em problemas e por projetos (ABPP) assume a mesma perspectiva teórico-metodológica, motivando os estudantes e aumentando sua atividade, mas enfocando ainda mais o trabalho colaborativo e cooperativo, por meio de aprendizagens que se dão em pequenos grupos e/ou no coletivo para a resolução do problema. Tudo isso leva a uma organização metodológica mais refinada para se chegar à construção de um relatório final.

O professor, nessa linha metodológica, passa a ser um facilitador da aprendizagem, exercendo papel central ao participar de todo o processo, seja na apresentação do problema, seja no acompanhamento de cada etapa, problematizado e ajudando os estudantes a traçar estratégias na busca do conhecimento, assim como constituindo um ambiente favorável para o trabalho em grupo e para o exercício da criatividade.

O tratamento metodológico da ABPP mostra-se bastante pertinente no trabalho com os projetos de vida, já que estes, por serem construções individuais, mas produzidas no intercâmbio com os outros e nos contextos de vivência, necessitam do engajamento do estudante em grupos de trabalho, o que lhe permite aliar as perspectivas pessoal, social e profissional.

Novamente recorreremos a uma intervenção produzida por nosso grupo de pesquisa. Dessa vez, trata-se de um trabalho, também realizado na Escola Pinheiro desde 2013, em paralelo ao programa de desenvolvimento de competências e habilidades para a construção da identidade moral e dos projetos de vida. Utilizando a perspectiva da ABPP, essa intervenção pedagógica visou levar os estudantes a reconhecer o potencial de integração entre os projetos pessoais e as problemáticas que ocorrem no âmbito público, de modo que buscassem intervenções conscientes e responsáveis.

Esse trabalho foi descrito pelas coautoras deste livro (Pinheiro e Arantes, 2017), que acompanharam o trabalho desenvolvido no terceiro ano do ensino médio da referida escola, com alunos e alunas de 16 e 17 anos.

Levando-se em consideração que os estudantes tiveram a oportunidade de, nos dois anos iniciais do ensino médio, refletir sobre a própria identidade e esboçar um projeto de vida (partindo do trabalho que descrevemos anteriormente), o objetivo do projeto no último ano foi o aprofundamento em problemáticas das áreas profissionais escolhidas, assim como das demandas pessoais e sociais, fazendo que alunos e alunas reconhecessem a investigação e a metodologia científica como formas de resolução de problemas, bem como percebessem sua atuação social na perspectiva da carreira escolhida.

Os alunos foram divididos em pequenos grupos (de até três integrantes), de acordo com as áreas profissionais escolhidas e os interesses em comum. É necessário que, mesmo existindo divergências entre as carreiras, as áreas tenham pontos em comum, assim como existam interesses compartilhados, permitindo tanto a integração dos saberes de diversas fontes quanto o aprofundamento no olhar dentro de cada área.

A seguir, detalharemos as etapas pelas quais os alunos passaram durante a realização do projeto.

## 1. Levantamento de problemáticas da sociedade

Em grupos, os alunos realizaram a técnica de *brainstorm* (tempestade de ideias) para elencar os problemas sociais que os afligiam e poderiam ser analisados/resolvidos na perspectiva da área escolhida.

O tutor acompanhou os grupos, instigando a reflexão, dando sugestões e fazendo apontamentos.

Os alunos pesquisaram abertamente na internet e em livros sobre as problemáticas para argumentar a favor ou contra a sua escolha para a realização do trabalho.

## 2. Projeto de pesquisa

A partir da discussão embasada nas pesquisas efetuadas, o grupo elegeu uma das problemáticas. O tutor acompanhou e levou os grupos à reflexão sobre as possibilidades do tema escolhido.

Com base na orientação do tutor, os alunos fecharam um problema específico dentro do tema eleito e elaboraram um plano de investigação.

## 3. Coleta e análise de dados

Orientados pelo tutor, os grupos elaboraram seus instrumentos de coleta de dados e definiram os participantes e os contextos do estudo. Depois, aplicaram os diversos instrumentos e, com a orientação do tutor, passaram ao tratamento e à análise dos dados coletados.

## 4. Aprofundamento teórico

Já envolvidos com o problema de pesquisa e com a perspectiva da análise dos dados, os alunos passaram ao estudo de fontes teóricas que os auxiliaram na resolução do problema delimitado. As fontes precisam integrar conhecimentos, necessariamente passando por estudos no campo das áreas escolhidas.

## 5. Proposta de solução do problema

Com os dados da investigação teórica e empírica, os alunos elaboraram uma proposta de solução do problema, dentro das possibilidades de cada área profissional escolhida. Não se solicitou aos alunos a aplicação real da solução, mas um protótipo que fosse viável e pudesse modificar a realidade encontrada.

## 6. Produção do relatório final

Os alunos realizaram a escrita de um relatório final, de acordo com as normas da Associação Brasileira de Normas Técnicas (ABNT). Foram incentivados a desenvolver sua escrita e apoiados pelo tutor ao longo desse processo.

## 7. Avaliação e socialização dos resultados

Os alunos participaram de uma banca composta por um professor da escola, um especialista da área e o tutor. Nesse momento, apresentaram o trabalho produzido, relatando o processo e apresentando o protótipo.

Os membros da banca fizeram indagações que deveriam ser respondidas pelos integrantes do grupo. Ao final, os membros da banca fizeram uma avaliação, considerando o relatório e a apresentação final.

Além dessa avaliação, houve outros dois instrumentos: a avaliação do tutor, que considerou o processo do grupo, e a autoavaliação e avaliação do grupo, em que, além de se avaliar, discutia uma nota para cada um, de acordo com sua participação no processo.

Para uma maior socialização dos trabalhos, ainda foi realizado um evento, o Fórum Projeto de Vida, em que os grupos explicaram, aos alunos do 1º e 2º anos do ensino médio, como foi a realização do trabalho e o que a experiência lhes acrescentou em relação à escolha profissional e aos seus projetos de vida.

Alguns exemplos de projetos e protótipos desenvolvidos foram os seguintes:

| ÁREA PROFISSIONAL ESCOLHIDA | EXEMPLO DE PROBLEMA | PROTÓTIPO DESENVOLVIDO |
|---|---|---|
| Saúde (Medicina, Veterinária, Enfermagem) | Como o sono influencia a qualidade de vida de jovens e idosos? | Campanha para orientação dos jovens sobre a importância do sono. |
| Arte (Artes Plásticas, Moda, Design, Cinema) | Quais são os estereótipos da mulher no cinema? | Blogue para discutir os estereótipos sobre o papel feminino no cinema. |
| Tecnologia | Que conteúdos da vida social são expostos na internet pelas pessoas? | Aplicativo que auxilia na prevenção de postagens constrangedoras nas redes sociais. |
| Engenharia | Como minimizar o impacto ambiental da exploração do pré-sal na costa brasileira? | Projeto de segurança da exploração do pré-sal, para minimizar impactos ambientais. |

| ÁREA PROFISSIONAL ESCOLHIDA | EXEMPLO DE PROBLEMA | PROTÓTIPO DESENVOLVIDO |
|---|---|---|
| Arquitetura e Urbanismo | Como a arborização urbana pode influenciar na qualidade de vida dos moradores de um bairro da zona sul de São Paulo? | Projeto de arborização para as ruas do bairro em que está inserida a escola. |
| Direito | Quais são os efeitos da lei Maria da Penha nas denúncias de abusos físicos feitas por mulheres? | Campanha para divulgação da lei Maria da Penha e prevenção do abuso físico a mulheres. |
| Publicidade e Propaganda | Quais são os prós e contras da influência da publicidade na alimentação infantil? | Campanha publicitária direcionada a crianças e jovens, alertando sobre os riscos do consumo exagerado de *fast-food*. |
| Gastronomia | Como desenvolver um restaurante *food truck* que atenda à periferia da cidade de São Paulo? | Desenvolvimento de um *food truck*, com projeto de um carro e elaboração de cardápio. |

Fonte: adaptado de Pinheiro e Arantes (2017)

É importante destacar quanto o trabalho com a ABPP é capaz de engajar e trazer sentido aos jovens em relação à construção de seus projetos de vida. Pinheiro e Arantes (2017) observaram que, apesar de diferenças no engajamento e participação efetiva de todos os componentes nos grupos, grande parte dos(as) estudantes esteve imersa nos projetos desenvolvidos, o que levou as autoras a concluir que essa metodologia envolve os alunos em suas escolhas, interesses e projeções, incentivando-os a valorizar o trabalho desenvolvido e sua importância para a construção de seu projeto de vida.

Ao final do trabalho, grande parcela dos(as) jovens estudantes assumiu sua importância para a construção de seus projetos de vida. As justificativas usadas por eles foram:

» o projeto os levou a ter contato direto com a área escolhida, sendo decisivo para reforçar ou refutar a escolha feita anteriormente;
» foi uma primeira prova de responsabilidade pesquisar e realizar um projeto com mais autonomia, crítica e engajamento social;
» aprenderam a metodologia científica que será importante para estudos futuros na graduação;
» verificaram que podem fazer mudanças na sociedade;
» aprenderam a trabalhar em equipe e a resolver conflitos.

Vejamos exemplos de respostas que ilustram o posicionamento dos jovens no momento da banca:

*Eu não acreditava que seria capaz de fazer um trabalho como esse. [...] não achei que conseguiria. É um trabalho grande, com muitas coisas para fazer, no que pensar. Mas agora me sinto realizado e seguro de que eu quero mesmo ser publicitário.* (RM, 17 anos, sexo masculino)

*"Nossa! O que eu mais aprendi foi trabalhar no grupo... Tivemos muitos problemas, não é? (risos) Mas nós superamos e agora estamos aqui. Eu gostei muito de me aprofundar nessa*

*profissão. Não sei se é isso mesmo que eu vou seguir, que vai me fazer feliz, mas vou tentar.* (CA, 18 anos, sexo feminino)

*Para mim, foi fundamental aprender o método científico. Eu já tinha certeza da minha profissão, que é publicidade, mas agora tenho conhecimentos que serão importantes para a minha graduação.* (BB, 17 anos, sexo feminino)

## O ambiente escolar, as relações interpessoais e os projetos de vida

Em um projeto de pesquisa atual (Formação docente continuada e construção de projetos de vida éticos na juventude), financiado pelo Conselho Nacional de Desenvolvimento Científico e Tecnológico (CNPq), a professora Viviane Pinheiro, uma das coautoras deste livro, tem se dedicado a estudar os impactos das ações docentes apoiadas nos encontros de formação e nos projetos de vida dos(as) estudantes. Nessa análise tem-se evidenciado que toda a comunidade escolar precisa estar comprometida com os projetos de vida de seus agentes – educadores(as), gestores(as) e estudantes.

A pesquisa, realizada em uma escola pública de ensino médio da cidade de São Paulo, em conjunto com seus educadores, tem destacado alguns pontos importantes. O primeiro deles está na construção de um clima saudável de aprendizagem, calcado no desenvolvimento socioemocional e nas relações interpessoais. A escola tem se mostrado um polo de acolhimento aos estudantes diante de suas dificuldades cognitivas, sociais e afetivas. Para tanto, apoiamo-nos novamente na professora Heather Malin (2018), que indica algumas condições para esse clima saudável:

» ouvir com atenção e compaixão todos os envolvidos no contexto educacional – é o exercício da escuta ativa, pautado na disponibilidade e no apoio para o enfrentamento de problemáticas cotidianas;
» sentimento de pertencimento, desenvolvido por educadores(as) e alunos(as) por meio de grandes atividades que envolvem a escola. São momentos em que eles representam a escola, interagem com a comunidade e elaboram projetos calcados em seus interesses e necessidades;
» autonomia e relevância: alunos e professores desenvolvem a autonomia em seu trabalho, a partir do que consideram realmente relevante. Por exemplo, os estudantes participam de clubes juvenis, de acordo com seus interesses. Tais clubes são geridos pelos próprios alunos. Os educadores desenvolvem disciplinas eletivas e projetos paralelos partindo do que julgam relevante para a formação dos estudantes;
» compartilhamento de práticas, que são possibilitadas com as atividades finais de projetos, denominadas culminâncias, nos momentos em que jovens e educadores têm a oportunidade de compartilhar suas práticas, ideias e projetos.

Essas condições potencializam a construção de projetos de vida pelos alunos na medida em que existe a intenção de estabelecer relações entre projetos de vida individuais – que envolvem interesses, necessidades, pensamentos e sentimentos de cada pessoa que faz parte do processo educativo – e as perspectivas coletivas. As discussões nos encontros de formação dos professores vêm indicando a importância de todos se sentirem responsáveis pela construção de projetos de vida éticos, que sejam capazes de transformar a sociedade.

Outro ponto destacado nessa pesquisa é o papel da tutoria nas escolas. Tem-se mostrado absolutamente produtiva a incorporação de encontros entre o aluno e um educador por ele escolhido para acompanhar os projetos de vida e outros aspectos de sua trajetória pessoal, social e escolar. Como sinalizam Malin (2018) e Damon (2009), o papel de um adulto realmente interessado nos projetos de vida do jovem é fundamental para encorajá-lo e até ajudá-lo a ampliar seus horizontes no desenvolvimento de atividades significativas.

·····

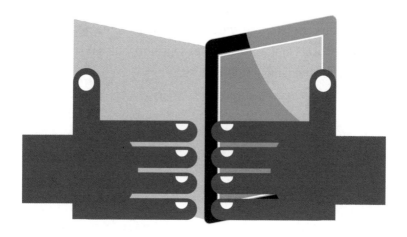

# OS PROJETOS DE VIDA E A EDUCAÇÃO: REFLEXÕES FINAIS

> "O significado do sentido é o de indicar a estrada do ser."
> **Viktor Frankl**

**PARA ENCERRAR, É IMPORTANTE** reafirmar que os projetos de vida, tema central deste livro, são constituídos na projeção de um percurso, que tem espaço para idas e vindas. Neste percurso construímos também quem somos. Os projetos de vida dos jovens brasileiros, investigados por nós e apresentados no Capítulo 3, bem como nossas experiências educacionais, relatadas nos Capítulos 4 e 5, permitem-nos trazer algumas reflexões relevantes para as práticas educativas e o trabalho do professor.

A primeira delas diz respeito ao modo como sentimentos e emoções compareceram nos projetos de vida dos jovens. Os resultados de nossas pesquisas apontam para a necessidade de reconhecimento, compreensão e valorização dos sentimentos e emoções, assim como de suas causas e manifestações, o que parece colaborar para o processo de (re)dimensionamento de ações, escolhas e planos relacionados com a construção dos projetos de vida. De um modo ou de outro, os sentimentos vivenciados pelos jovens parecem impulsioná-los (ou não) à ação, aspecto fundamental para a construção dos projetos de vida. Daí a necessidade de buscar práticas educativas que contemplem e integrem as diversas vertentes dos juízos e das ações morais, incluindo a adesão aos aspectos relacionados não apenas com os direitos e deveres, mas também com os desejos e a satisfação pessoal.

A segunda reflexão que merece destaque diz respeito ao papel das relações interpessoais nos projetos de vida dos jovens. A preocupação deles com outras pessoas, aspecto importante na constituição do projeto de vida, deu-se, em grande medida, a partir da relevância atribuída às relações interpessoais estabelecidas. Por meio destas, os jovens coordenam os interesses e necessidades de outras pessoas com os próprios interesses e necessidades. Entendemos que um planejamento didático e pedagógico elaborado segundo essa perspectiva, bem como sua condizente realização no cotidiano das salas de aula, pode promover o progresso no campo das relações interpessoais tanto nos microgrupos (casal, família, amigos) quanto nos coletivos mais amplos (relações étnicas, por exemplo).

E isso nos remete à terceira reflexão, intimamente relacionada com as anteriores e que diz respeito aos sentimentos de *bem-estar pessoal* e *felicidade*, tão frequentes nas projeções futuras dos nossos jovens brasileiros. A busca de *bem-estar* e *felicidade*, que se traduzem nos sentimentos e emoções relatados pelos jovens e que dão significados a suas metas, escolhas e ações, parece fundamental para motivá-los a construir seus projetos de vida e neles permanecer engajados. Nesse sentido, a efetivação de um projeto não pode prescindir da dimensão do desejo, da vontade – o que, do nosso ponto de vista, é fundamental inclusive para que o jovem adote uma postura ativa diante das situações vivenciadas e dos objetivos que pretende alcançar.

A quarta e última reflexão a ser mencionada diz respeito aos valores subjacentes aos projetos de vida dos jovens brasileiros. Identificamos que o engajamento em projetos está relacionado com valores éticos, que integram a identidade dos adolescentes e servem de base para os seus projetos, portanto para suas ações, escolhas e planos. E isso nos sugere que o envolvimento do jovem com atividades que para ele tenham sentido pode contribuir para a construção de um projeto coerente com o seu sistema de valores, auxiliando positivamente na transição para a vida adulta e para a satisfação com a própria vida.

Com base nessas reflexões, resta-nos apenas defender, com veemência, que as instituições escolares se comprometam com o processo de construção de projetos de vida dos seus estudantes. Sabemos que, em geral, são raras as oportunidades que os jovens têm de refletir e discutir – mesmo com pessoas próximas, como familiares ou professores – suas aspirações e seus projetos significativos na vida, as motivações que subsidiam tais projetos e a satisfação proporcionada por uma busca de longo prazo que seja significativa tanto para o próprio sujeito quanto para o mundo ao seu redor.

Segundo William Damon, com quem concordamos, é possível desenvolver formas de educação que incentivem os jovens a se engajar em um projeto de vida – e a escola, assim como a família, deve assumir esse papel. A despeito das boas intenções, muitos educadores resvalam nas incertezas em relação às diretrizes voltadas para as práticas educativas. É preciso compreender que elementos influenciam e incentivam os jovens a ter projetos e, a partir deles, tomar iniciativas que contribuam para a sua formação. Algumas etapas que configuram esse processo são:

» momentos de inspiração – por meio deles, o jovem tem contato com temáticas relevantes no mundo contemporâneo, identificando, ao mesmo tempo, formas de fazer diferença na sociedade;
» pessoas de referência – o jovem observa e dialoga com pessoas ao seu redor que têm projetos de vida consolidados;
» esforços e comprometimento – ao identificar um projeto de vida no qual pode se engajar, o jovem encontra subsídios para planejar e executar ações, presentes e futuras, que demonstrem comprometimento com o projeto em longo prazo;
» desenvolvimento de habilidades e força de caráter – estas são adquiridas à medida que o jovem se esforça para concretizar seu projeto. A satisfação e o engajamento aumentam o otimismo e a autoconfiança, e o adolescente adquire cada vez mais recursos para desenvolver seu projeto de vida.

O caminho que buscamos seguir nesta obra, depois de apresentar e discutir as bases psicológicas e identitárias de construção de projetos de vida que tenham estabilidade, objetivos de longo prazo e sejam organizadores e motivadores dos pensamentos e ações, foi o de mostrar possibilidades de ação pedagógica. Pensando inicialmente na formação do que se denomina bom professor – aquele que pauta suas ações na excelência, na ética e no engajamento pessoal –, buscamos mostrar trilhas possíveis para o desenvolvimento profissional tanto de professores em exercício quanto de estudantes de licenciaturas e pedagogia. Por fim, imbuídos dos mesmos princípios, foram mostradas possibilidades e experiências de intervenção com estudantes da educação básica.

As metodologias ativas de aprendizagem e seu papel na reinvenção da educação, de forma que atendam às necessidades da sociedade contemporânea e suas demandas de uma educação socioemocional e a construção de competências e habilidades num mundo em transformação radical, foram a base pedagógica das propostas de intervenção apresentadas. Acreditamos que a aprendizagem baseada em problemas e por projetos (ABPP) e outras metodologias que enfatizam o aprender fazendo, se devidamente organizadas na estrutura curricular das escolas e universidades, podem contribuir para que os estudantes não apenas cumpram as tarefas de estudo e profissionais de forma mais eficiente, mas também sejam motivados a construir projetos que impactem o mundo positivamente. Tais metodologias são ferramentas poderosas para a construção de projetos de vida pautados em valores coletivos, colaborativos e éticos.

De um modo ou de outro, é necessário e urgente que os profissionais da educação trilhem caminhos que incorporem ao trabalho educativo e ao cotidiano escolar conteúdos relacionados à vida pessoal e à dimensão afetiva, favorecendo a construção de projetos de vida éticos pelas futuras gerações. Sabemos que aqueles jovens que têm um projeto de vida com sentido ético adquirem conhecimentos, capacidades, habilidades e experiências que, aos poucos, contribuem para sua formação moral, fortalecendo o autoconhecimento, a autoconfiança e a construção de valores éticos. Além disso, ao se engajar em projetos dessa natureza, eles aprendem a enfrentar situações de adversidade, de fracasso e de derrota, desenvolvendo estratégias para lidar com os conflitos vivenciados. Eis nosso compromisso, retomando a epígrafe que remete às ideias de Frankl: formar pessoas que vejam sentido na sua trajetória e por ela se responsabilizem, contribuindo, assim, para a construção de um mundo mais justo, solidário e feliz.

·····

# REFERÊNCIAS

ANDREWS, M. C. et al. *Youth purpose interview protocol*. Unpublished instrument. Stanford: Stanford Center on Adolescence, 2006.

ARANTES, V. A.; DANZA, H.; PINHEIRO, V.; PÁTARO, C. S. O. "Projetos de vida, juventude e educação". *International Studies on Law and Education*, v. 23, 2016, p. 77-94.

ARAÚJO, U. F. *Conto de escola: a vergonha como um regulador moral*. São Paulo: Moderna; Campinas: Ed. da Universidade de Campinas, 2003.

____. "Apresentação à edição brasileira". In: DAMON, W. *O que o jovem quer da vida? Como pais e professores podem orientar e motivar os adolescentes*. São Paulo: Summus, 2009, p. 11-15.

____. "A quarta revolução educacional: a mudança de tempos, espaços e relações na escola a partir do uso de tecnologias e da inclusão social". *Educação Temática Digital*, supl. Pesquisa, desenvolvimento e formação na educação, v. 12, 2011, p. 31-48.

____. *Temas transversais, pedagogia de projetos e mudanças na educação*. São Paulo: Summus, 2014.

ARAÚJO, U. F. et al. "The reorganization of time, space, and relationships in school with the use of active learning methodologies and collaborative tools". *Educação Temática Digital*, supl. Pesquisa, desenvolvimento e formação na educação, v. 16, n. 1, 2014, p. 84-89.

\_\_\_\_. "A formação de professores para inovar a educação brasileira". In: CAMPOS, F.; BLIKSTEIN, P. (orgs.). *Inovações radicais na educação brasileira*. v. 1. Porto Alegre: Penso, 2019, p. 1-11.

ARISTÓTELES. *Ética a Nicômaco*. São Paulo: Martin Claret, 1997.

BARENDSEN, L.; FISCHMAN, W. "The GoodWork toolkit: from theory to practice". In: GARDNER, H. (org.). *Responsibility at work: how leading professionals act (or don't act) responsibly*. São Francisco: Jossey-Bass, 2007.

BLASI, A. "The development of identity: some implications for moral functioning". In: NOAM, G.; WREN, T. (orgs.). *The moral self*. Cambridge: The MIT Press, 1992, p. 99-122.

\_\_\_\_. "Moral understanding and the moral personality: the process of moral integration". In: KURTINES, W. (org.). *Moral development: an introduction*. Londres: Allyn and Bacon, 1995, p. 229-54.

\_\_\_\_. "Moral functioning: moral understanding and personality". In: LAPSLEY, D. K.; NARVAEZ, D. *Moral development, self and identity*. Mahwah/Londres: Lawrence Erlbaum, 2004.

BLIKSTEIN, P. *Digital fabrication and "making" in education: the democratization of invention*. Stanford: Stanford University, 2013.

BONWELL, C. C.; EISON, J. A. "Active learning: creating excitement in the classroom". *ASHE-ERIC Higher Education Reports*, n. 1. Washington: The George Washington University, School of Education and Human Development, 1991.

BRASIL. MINISTÉRIO DA EDUCAÇÃO. *Base Nacional Comum Curricular: Ensino Médio*. Brasília: MEC, 2018.

BRONK, K. C. "The role of purpose in life in healthy identity formation: a grounded model". In: MARIANO, J. M. (org). *New directions for youth development*. São Francisco: Jossey-Bass, 2011, p. 31-44.

_____. *Purpose in life: a critical component of optimal youth development*. Nova York: Springer Science, 2014.

BUNDICK, M. J. *Pursuing the good life: an examination of purpose, meaningful engagement, and psychological well-being in emerging adulthood* (unpublished doctoral dissertation). Stanford: Stanford University, 2009. Disponível em: ‹http://purl.stanford.edu/cb008 zb6473›. Acesso em: 4 mar. 2020.

BURROW, A.; HILL, P. "Purpose as a form of identity capital for positive youth adjustment". *Developmental Psychology*, v. 47, n. 4, 2011, p. 1196-206.

COLBY, A.; DAMON, W. *Some do care: contemporary lives of moral commitment*. Nova York: The Free Press, 1992.

DAMON, W. *O que o jovem quer da vida? Como pais e professores podem orientar e motivar os adolescentes*. São Paulo: Summus, 2009.

DAMON, W; COLBY, A. *The power of ideals: the real story of moral choice*. Nova York: Oxford, 2015.

DAMON, W.; MENON, J.; BRONK, K. "The development of purpose during adolescence". *Applied Developmental Science*, v. 7, n. 3, 2003, p. 119-28.

DANZA, H. C. *Conservação e mudança dos projetos de vida de jovens: um estudo longitudinal sobre educação em valores*. Tese (doutorado em Educação), Universidade de São Paulo, São Paulo (SP), 2019.

DECKER, I. R.; BOUHUIJS, P. A. J. "Aprendizagem baseada em problemas e metodologia da problematização: identificando e analisando continuidades e descontinuidades nos processos de ensino-aprendizagem". In: ARAÚJO, U. F.; SASTRE, G. (orgs.). *Aprendizagem baseada em problemas no ensino superior*. São Paulo: Summus, 2009, p. 177-204.

ERIKSON, E. H. *Identity youth and crisis*. Nova York: W. W. Norton, 1968.

_____. *Identity and the life cycle*. Nova York: W. W. Norton, 1980.

FISCHMAN, W.; BARENDSEN, L. *The guidebook: The GoodWork™ toolkit.* 2010. Disponível em: <http://thegoodproject.org/pdf/GoodWork--Toolkit-guide.pdf>. Acesso em: 26 fev. 2020.

FRANKL, V. (1939). *The will to meaning: foundations and applications of logotherapy.* Nova York: Plume, 2014.

\_\_\_\_. (1946). *Em busca de sentido: um psicólogo no campo de concentração.* 35. ed. Petrópolis: Vozes, 2017.

GARDNER, H. *Frames of mind: the theory of multiple intelligences.* Nova York: Basic Books, 1983.

\_\_\_\_. "Good work: where excellence and ethics meet". *International Journal of Existential Psychology & Psychotherapy,* v. 1, n. 1, 2004.

GARDNER, H. (org.). *A responsabilidade no trabalho.* Porto Alegre: Artmed, 2009.

GARDNER, H; CSIKSZENTMIHALYI, M.; DAMON, W. *Trabalho qualificado: quando a excelência e a ética se encontram.* Porto Alegre: Artmed, 2001.

GATTI, B. A. et al. "Atratividade da carreira docente no Brasil". In: *Fundação Victor Civita. Estudos e pesquisas educacionais.* v. 1, n. 1. São Paulo: FVC, 2009.

HMELO-SILVER, C. E. "Problem-Based Learning: what and how do students learn?" *Educational Psychologist Review,* v. 16, n. 3, 2004, p. 235-66.

IDEO. "Human Centered Design Toolkit". 2009. Disponível em: <https://www.ideo.com/post/design-kit>. Acesso em: 26 fev. 2020.

INHELDER, B.; PIAGET, J. *Da lógica da criança à lógica da adolescente: ensaio sobre a construção das estruturas operatórias formais.* São Paulo: Pioneira, 1976.

MACHADO, N. J. *Educação: projetos e valores.* São Paulo: Escrituras, 2004.

\_\_\_\_. "A vida, o jogo, o projeto". In: ARANTES, V. A. (org.). *Jogo e projeto: pontos e contrapontos.* São Paulo: Summus, 2006.

MACINTYRE, A. *Historia de la ética.* Barcelona: Paidós, 1971.

MALIN, H. *Teaching for purpose: preparing students for lives of meaning.* Cambridge: Harvard Educational Press, 2018.

MALIN, H. et al. "Adolescent purpose development: exploring empathy, discovering roles, shifting priorities, and creating pathways". *Journal of Research on Adolescence*, v. 24, n. 1, 2014, p. 186-99.

MANUS, R. "Narigudos sim, bem resolvidos também". *O Estado de S. Paulo* (on-line), 14 jan. 2015. Disponível em: ‹https://emais.estadao.com.br/blogs/ruth-manus/narigudos-sim-bem-resolvidos-tambem/›. Acesso em: 4 mar. 2020.

MARCIA, J. E. "Development and validation of ego identity status". *Journal of Personality and Social Psychology*, v. 3, 1966, p. 551–58.

MARINA, J. A. *Teoria da inteligência criadora.* Rio de Janeiro: Guarda-Chuva, 2009.

MICHAELIS. *Moderno dicionário inglês.* São Paulo: Melhoramentos, 2009.

MORAN, S. et al. "How supportive of their specific purposes do youth believe their family and friends are?" *Journal of Adolescent Research*, v. 28, n. 3, 2012, p. 348-77.

MORENO, M.; SASTRE, G. *Cómo construimos universos: amor, cooperación y conflicto.* Barcelona: Gedisa, 2010.

MORENO, M. et al. *Conocimiento y cambio: los modelos organizadores en la construcción del conocimiento.* Barcelona: Paidós, 1998.

MORIN, E. *Introdução ao pensamento complexo.* Porto Alegre: Sulina, 2005.

MOSHMAN, D. *Adolescent psychological development: rationality, morality, and identity.* Londres: Psychology Press, 2005.

NAKAMURA, J. "Defining and modeling good work". In: GARDNER, H. (org.). *GoodWork: theory and practice.* 2010. Disponível em: ‹http://thegoodproject.org/pdf/GoodWork-Theory_and_Practice-with_covers.pdf›. Acesso em: 11 jan. 2020.

OCDE. Organização para Cooperação e Desenvolvimento Econômico. *Professores são importantes: atraindo, desenvolvendo e retendo professores eficazes*. São Paulo: Moderna, 2006.

Ortega y Gasset, J. *Obras completas*. v. II e V. Madri: Alianza, 1983.

Parks, S. D. *Big questions, worthy dreams: mentoring emerging adults in their search for meaning, purpose, and faith*. São Francisco: Jossey Bass, 2011.

Pinheiro, V. P. G. "Projetos de vida de professores do ensino médio: implicações para formação continuada e intervenções na escola". *39ª Reunião Anual da ANPED*. v. 1. Trabalho GT20. Niterói, Anped, 2019, p. 1-7.

Pinheiro, V. P. G.; Arantes, V. A. "Desenvolvimento de projetos de vida de jovens no ensino médio: análise de uma proposta embasada na aprendizagem baseada em problemas e por projetos (ABPP)". *Revista Nupem*, v. 9, 2017, p. 4-14.

Plattner, H.; Meinel, C.; Leifer, L. (orgs.). *Design thinking: understand, improve, apply*. Nova York: Springer; Berlim: Heidelberg, 2011.

Prince, M. "Does active learning work? A review of the research". *Journal of Engineering Education*, v. 93, n. 3, 2004, p. 223-31.

Puig, J. M. *A construção da personalidade moral*. São Paulo: Ática, 1996.

\_\_\_\_. *Ética e valores: métodos para o ensino transversal*. São Paulo: Casa do Psicólogo, 1998.

\_\_\_\_. "Aprender a viver". In: Arantes, V. A. (org.). *Educação e valores: pontos e contrapontos*. São Paulo: Summus, 2007, p. 65-106.

Ryff, C. D.; Singer, B. "Know thyself and become what you are: an eudaimonic approach to psychological well-being". *Journal of Happiness Studies*, v. 9, 1998, p. 13-39.

Sastre, G. et al. *Amor, educación y cambio: modelos organizadores y aprendizaje*. Barcelona: Icaria, 2016.

SELIGMAN, M. *Florescer: uma nova compreensão da felicidade e do bem-estar*. Rio de Janeiro: Objetiva, 2011.

SELIGMAN, M.; CSIKSZENTMIHALYI, M. "Positive psychology: an introduction. *American Psychologist*, v. 55, 2000, p. 5-14.

SHARPLES, M. *et al*. *Innovating Pedagogy 2013: exploring new forms of teaching, learning and assessment, to guide educators and policy makers*. Milton Keynes: The Open University, 2013. Disponível em: <https://iet.open.ac.uk/file/innovating-pedagogy-2013.pdf>. Acesso em: 26 fev. 2020.

SHULMAN, L. S. *The wisdom of practice*. São Francisco: Jossey-Bass, 2004.

SILVA, A. C.; PINTO, J. M. R. "O que explica a falta de professores nas escolas brasileiras?" *Jornal de Políticas Educacionais*, v. 9, 2014, p. 3.

SILVA, M. A. M. *Integração de valores morais às representações de si de adolescentes*. Tese (doutorado em Psicologia e Educação), Universidade de São Paulo, São Paulo (SP), 2020.

SILVA, F. R. L. L. *et al*. "A evasão no ensino superior brasileiro". *Cadernos de Pesquisa*, v. 37, n. 132, set.-dez. 2007. Disponível em: <http://dx.doi.org/10.1590/S0100-15742007000300007>. Acesso em: 10 fev. 2020.

WEIMER, M. *Learner-centered teaching*. São Francisco: Jossey-Bass, 2002.

www.gruposummus.com.br